Harald Braun

Minutenwissen für den Mann von Welt

Weitere Titel des Autors:

FALSCH VERBUNDEN
Die große Liebe:
Vom ersten Date bis zum letzten Telefongespräch

ERSATZBANK-KNIGGE
Fußball-Survivalführer für Frauen

MAHLZEIT!
Der Jobknigge. Für Frauen. Und Männer

ABSEITSFALLEN
So überleben Frauen die Fußball-WM

MANN/JOB. JOB/FRAU
Eine etwas andere Übersetzungshilfe

DAS GUMMISTIEFEL-GEFÜHL
Mein neues Leben in der Pampa

HARALD BRAUN

MINUTEN-WISSEN FÜR DEN MANN VON WELT

LÜBBE

Dieser Titel ist auch als E-Book erschienen

Originalausgabe

Copyright © 2012 by Bastei Lübbe GmbH & Co. KG, Köln

Textredaktion: Viola Krauß, Köln
Umschlaggestaltung: Manuela Städele
Umschlagmotiv: © shutterstock/Teerasak
Innengestaltung und Satz: Christina Krutz Design, Biebesheim am Rhein
Gesetzt aus der Helvetica-Black und Requiem
Druck und Einband: CPI books Ebner & Spiegel, Ulm

Printed in Germany
ISBN 978-3-7857-2458-3

5 4 3 2 1

Sie finden uns im Internet unter: www.luebbe.de
Bitte beachten Sie auch: www.lesejury.de

INHALT

9 VORWORT: Der Mann von Welt

12 RESPEKT: Werden Sie erwachsen!
Wie man leben sollte, wenn man nicht mehr jung ist – und wie nicht

18 ABENTEUER: Mimikry, Karneval und ein Paar Cojones
Fünf Möglichkeiten, sich in eine gefährliche Situation zu begeben

25 ALKOHOL: Dein Retter in der Nacht?
Eine Menge Ansichten, eine Sicherheit – Alkohol ist keine Lösung

34 AUTO: Vermeiden Sie um Himmels willen den Idiotentest
Wie man sich im Straßenverkehr verhält, ohne ein Honk zu sein

40 IMAGE I: Wer war noch mal dieser Robert Zimmermann?
Ob Künstler- oder Deckname – nicht immer ist er eine gute Idee

43 IMAGE II: Wer war doch gleich der Brioni-Kanzler?
Eine Auswahl der amüsantesten Spitznamen für Promis unserer Zeit

51 BETT: Spiel nie das ganze Lied in der ersten Nacht
Wie man prima Oralsex hat – und gleichzeitig ein gutes Gewissen

57 MOBIL: Mit der Luxusvilla auf die Straße
Wie man Campen kann, ohne zu verwahrlosen – die Werbepause

60 CHAMPAGNER: Das prickelnde Aphrodisiakum
Wie man mit Haltung trinkt – ein Freund mit Benefits

66 HEIMATKUNDE: Deutsche Ortsnamen
Zwischen Frankenstein und Fucking – so bizarr heißt Deutschland

67 ETIKETTE: Ist der Ruf erst ruiniert ...
Wie man sich daneben- und wie man sich goldrichtig benimmt

76 PLASTISCHE CHIRURGIE: Falscher Hase
Was man sieht, wenn man sehen kann – die Wahrheit
über Doppel-D(ösig)

81 FUSSBALL: Winning Ugly
Wie man das Spiel entehrt – und damit überall durchkommt

91 HAARE: Mit kahler Würde
Wie die Glatze nicht zum sozialen Exitus wird

97 HOTEL: Das Ungeheuer von Loch Ness
Jeder kennt's, keiner hat's gesehen: das Upgrade

105 KÜCHE: Fünf Freunde und das Geheimnis des guten Gerichts
Wie Sie in Zukunft in der Küche kein Vollversager mehr sind

109 FITNESS: Die Stockstolperer
Was Sie über Nordic Walking wissen sollten

114 OLDTIMER: Plädoyer für einen Hausfrauen-Porsche
Achtung: Dies ist nur ein stellvertretender Blindtext

123 OUTBACK: Die Trostlosigkeit in Tüten
Wie man Australien nicht bereisen sollte – und warum

126 SMALLTALK: Geschmunzelt, nicht gebrüllt
Fakten & Anekdoten für den schnellen Party-Smalltalk

135 KOSMETIK: Nur die Gene? Von wegen!
Warum Männern Kosmetik immer noch ein wenig peinlich ist

142 FRAUEN: Drei Buchstaben, ein Kriegszustand
Wie PMS das Leben zur Hölle macht – Frauen und Männern

148 POESIE: Ein Gedicht, zwei oder drei ...
Warum man ein wenig Poesie im Alltag braucht – und welche

158 POLITIK: Von Witwenmachern und Hammelsprüngen
Ein Grundkurs für die bunte, weite Welt der Politik

164 REISE I: So werden Sie Reiseweltmeister
Wie ein exklusiver Klub die Welt neu aufteilt

166 REISE II: Die Black Box trägt neuerdings Orange
... und andere unverzichtbare Informationen
über das Reisen

174 MORAL: Die Puff-Lüge
Warum Männer nicht ins Bordell gehen (Und wer zahlt
die Millionen?)

185 GOURMET: Essen im Abenteuerland
Zehn ungewöhnliche Vorschläge für den perfekten Abend
im Restaurant

194 LIEBE: Was Frauen wollen
Wie man eine Partnerin findet, und zwar möglichst
die richtige

203 SEX: Haben Sportler den besseren?
Einige Bemerkungen zu einem fatalen Missverständnis

208 ENERGIE: Die Superfresser
Fünf Autos, die kein anständiger Mensch mehr fahren darf

211 PROMISKUITÄT: Alles muss, nichts geht
Gibt es eine elegante Art, im Swingerklub zu verkehren?

216 FERNSEHEN: Vierzig Jahre Mord zum Sonntag
Warum der Tatort so gut ist – es hat mit den Frauen zu tun ...

223 FREITOD: Alle 47 Minuten ein Selbstmord – in Deutschland
Verbrechen? Menschenrecht? Männerdisziplin?

237 TIERWELT: Friedliches Miteinander?
Wie Sex bei Tieren geht – ziemlich abgefahren

237 MYTHEN: Über den Wolken
Warum bloß trinken Fluggäste freiwillig Tomatensaft?

239 WEIN: Die edelsten Tropfen der Welt?
Wo der beste Wein angebaut wird – und wer sein größter Kritiker ist

244 WILDLIFE: Die fünf unangenehmsten Tiere Australiens
Wo sie (besser nicht) zu finden sind und was man gegen sie unternehmen kann

251 ZAHLENSPIELE: Nutzlos, aber amüsant
Ziffern, die beeindrucken – und garantiert nicht verhandelbar sind

267 MUNDHYGIENE: Elektrisch oder Old School?
Von der Qual, alle drei Monate die perfekte Zahnbürste zu finden

VORWORT

DER MANN VON WELT
ALS ICH BEKANNT GAB, dass ich dieses Buch schreibe, wurde mir hin und wieder die Frage gestellt (meist milde lächelnd): »Was genau macht einen Mann von Welt aus?« Der Unterton dieser Frage war nicht schwer zu entschlüsseln. Im Prinzip nämlich fragten all diese Menschen: »Was weißt *du* schon davon?«

Gut, da mag ein Fünkchen Wahrheit dran sein. Ehrlich gesagt steckt in mir nicht so wahnsinnig viel »Mann von Welt«, ich finde den Begriff ja selbst ein wenig merkwürdig. Das Problem ist, dass auch kein anderer Begriff, keine andere Marke dem Typ Mann gerecht werden würde, den ich mit diesem Buch gerne ansprechen möchte. Oder würden Sie gern ein smarter Mann sein, ein moderner oder gar ein ernsthafter? Hilfe. Dann schon lieber einer von Welt – möglichst auch noch von dieser. (Vergessen Sie einmal für ein paar Minuten den Klubsessel, die Zigarre und den Billardsalon, der Ihnen sofort zum Begriff »Mann von Welt« einfällt.)

Faktisch beziehe ich aus nicht viel mehr als der Zugehörigkeit zu einer gewissen Geschlechter- und Altersgruppe meine Legitimation, hier als Autor anzutreten – als der naseweise Schlaumeier eben, der hier ungefragt gut gemeinte Ratschläge erteilt. Zu irgendwas muss mein fortgeschrittenes Alter doch gut sein! Ich mache schon seit mehr oder weniger dreißig Jahren bei dieser Veranstaltung mit, die »Mann« heißt und sich, wie jeder weiß, in den schillerndsten Erscheinungsformen präsentiert. Und ich habe sie alle durchgemacht. Ernsthaft: Ich weiß ziemlich genau, wie man sich als Mann in den besten Jahren verhalten sollte – theoretisch. Ich verfüge auch deshalb über eine gewisse Expertise, weil es bei mir so selten geklappt hat.

Möglicherweise reicht das als Rechtfertigung für Sie nicht aus, um mich als glaubwürdigen Ratgeber zu akzeptieren. Ich finde das verständlich, keine Sorge. Zumal ja auch die zweite Schwachstelle dieses Buches ziemlich offensichtlich ist: Benötigen echte »Männer von Welt« überhaupt irgendwen, der ihnen sagt, wo es langgeht? Ist es nicht ein Zeichen von Alter, Reife und solidem Selbstbewusstsein, sich auf seinen inneren Kompass verlassen zu können? Lesen nicht nur Loser Ratgeber?

Tja, da ist natürlich auch was dran. Möglicherweise ist dieses Buch komplett überflüssig. Ich bin jedoch geneigt, zu widersprechen, zumal ich ja nicht nur hübsch verpackte Schwänke aus meinem Leben zum Besten gebe und dabei höchst strittige Ansichten über den richtigen Umgang mit Frauen, Fußball und Verkehrsmitteln zum Vortrag bringe. Nein, bei mir lernen Sie auch was, ganz objektiv und so kompakt aufbereitet, dass Sie in Minutenschnelle Neues lernen. Wann die Keilerei bei Issos war zum Beispiel, oder was ein Hammelsprung ist, oder warum ein Blowjob ein semantisches Problem impliziert.

Klar, Sie können auch in Zukunft auf derartiges Wissen verzichten und sich beim Party-Smalltalk weiterhin aus den Ressourcen des Wetterberichtes bedienen. Kein Problem. Bleiben Sie eben ein verstockter Langweiler. Aber beschweren Sie sich nicht bei mir.

Ein bisschen buntes Wissen steht jedem Mann von Welt. Denken Sie an die Weisheit Marie von Ebner-Eschenbachs, die Folgendes gesagt hat (ich paraphrasiere): Man sollte schon was wissen, um verbergen zu können, dass man im Grunde nichts weiß. Oder so ähnlich.

RESPEKT

WERDEN SIE ERWACHSEN!
Glauben Sie nicht alles, was als weiser Spruch daherkommt: Kein Mensch ist nur so alt, wie er sich fühlt. Schauen Sie sich Dieter Bohlen oder Flavio Briatore an, und Sie wissen, was ich meine.

»Das größte Übel der heutigen Jugend besteht darin, dass man nicht mehr dazugehört.«
SALVADOR DALÍ

SICHER, MAN KANN IN WÜRDE ALTERN. Man darf sich nur nicht an Bauernweisheiten klammern. »Man ist nur so alt, wie man sich fühlt« zum Beispiel ist ausgemachter Humbug. Jeder über vierzig, der glaubt, er könne sich erlauben, ein Hip-Hop-Festival zu besuchen, eine orangene

Trainingsjacke zu tragen oder Skateboard zu fahren, verdient es, als tragische Figur auf dem Marktplatz ausgestellt zu werden. Und sein Facebook-Account gehört auch geschlossen.

Nein, jetzt mal ernsthaft: Warum wollen so viele Männer nicht wahrhaben, dass ihre Jugend vorbei ist? Warum können sie sich nicht zurücklehnen, ein gutes Buch lesen, Weinkenner werden und anfangen, Bayern München Respekt zu zollen? Und warum zum Teufel können Männer nicht aufhören, jeder Frau nachzuschauen? Okay, ich formuliere es anders: Warum belassen wir es nicht dabei, leise zu seufzen, wenn wir schon schauen müssen? Das hätte immerhin ein wenig Klasse. Wenn ich mich so umhöre, bringen viele von uns das partout nicht fertig. Feiste Politiker »verlieben« sich in Siebzehnjährige, die sie in einem Sozialen Netzwerk kennengelernt haben: »Es war Liebe!« Ergraute Schauspieler ehelichen aufgespritzte It-Girls. Beim Promi-Boxen hauen sich geriatrische Alphamännchen auf den Köbes, um beiwohnende Nachwuchsmoderatorinnen von RTL2 zu beeindrucken.

Schön ist das nicht. Es wirkt sogar ein wenig verzweifelt, wenn Sie mich fragen. Was ist dagegen einzuwenden, mit rund vierzig Jahren das Fußballspielen aufzugeben, mit fünfzig den Tennisplatz zu vergessen und mit 65 auf dem Golfplatz zu enden – es gibt schließlich Leute, die glaubwürdig versichern, dass es sich dabei doch auch um Sport handelt.

Natürlich kostet es ein wenig Überwindung, sich hinzustellen und öffentlich zu erklären: »Ich trete jetzt etwas kürzer«, oder: »Ich *verstehe* diese jungen Leute einfach nicht mehr!« Aber es ist immer noch besser, als um jeden Preis dazugehören zu wollen. Denn das tut man schlicht und ergreifend nicht. Auch wenn man, wie der über fünfzigjährige Rainald Götz, einen Literaturpreis erhält und dies damit begründet, dass »der unbedingte Wille zur Zeitgenossenschaft« im eigenen Werk immer noch stark erkennbar sei. Okay, Götz kann nichts für diesen Satz, vielleicht treibt er sich immer noch gerne in Technoschuppen herum. Aber dass er dafür gefeiert wird, das ist das Problem. Offenbar geht es uns sogar im fortgeschrittenen Stadium des Verfalls darum, immer noch mitzumischen, nicht abgemeldet zu sein, jung zu erscheinen, koste es was es wolle – und wenn es die eigene Würde ist.

Es gibt einige prominente Vorreiter mit dieser Attitüde, sie verdienen den Peter-Pan-Preis am Bande: Rudi Assauer. Otto Waalkes. Roberto Blanco. Dieter Bohlen. Lothar Matthäus. Sascha Lobo. Klaus Wowereit. Die Reihe ließe sich fortsetzen.

Nicht jeder ist dabei jedoch so konsequent geschmacklos wie Flavio Briatore, einer der Könige in dieser Disziplin. Ich sah Flavio Briatore neulich in der Zeitung. Mit seiner etwa dreißig Jahre jüngeren Gespielin. (Ich scheue davor zurück, sie seine Gattin zu nennen.) Falls Sie nicht wissen, wer Flavio Briatore ist (was ich bezweifle), dann stellen Sie sich einen Spielhallenbetreiber mit Doppelkinn in einem bunten Blouson vor, multiplizieren das mit Goldkettchen, Glamour und viel Geld, und Sie sind nah dran. Oder Sie hören einfach mal bei den Zottelrockern von Jethro Tull rein, die in selbstironischer Larmoyanz schon 1976 in *Too Old To Rock'n' Roll: To Young To Die* sangen:

»Seine Haare waren einfach einen Tick zu lang. Und die Hosen einen Tick zu eng. Und das Bier einen Tick zu schal. Halt einfach einen Tick zu alt, der ganze Typ.«

Das klingt nicht sonderlich respektvoll, zumal nicht einmal Flavio Briatore zum Vorwurf gemacht werden darf, dass er älter wird. Aber darum geht es nicht. Älter werden ist keine Schande, das sagte ich ja bereits. Man muss es nur *zulassen*. Flavio Briatore hingegen wirkt meistens wie ein Mann, der auf Teufel komm raus nur genau so alt sein möchte, wie er sich fühlt. Siehe oben. Man könnte ihn auch als den Schutzpatron der Midlife-Crisis bezeichnen. Vielleicht ist Flavio Briatore – Jahrgang 1950 – mit sich im Reinen und ein glücklicher Mensch, es sei ihm gegönnt. Von Weitem aber wirkt sein juveniles Auftreten immer ein bisschen tragisch und ein bisschen unwürdig, zu gleichen Teilen. Und das ist leider kein Problem, das nur Flavio Briatore hätte.

Reden wir einen Moment lang über mich. Vor Kurzem betrat ich nach geraumer Zeit mal wieder eine Diskothek. Vielleicht war es auch ein »Club« oder eine »Tanzhalle«, bei diesen Dingen habe ich ein wenig den Überblick verloren. Jedenfalls handelte es sich um einen Ort, an dem ich mich schon nach fünf Minuten fühlte wie Rainer Calmund im Klubhaus der Taubstummen Vegetarier.

Ich hatte mich zwar in weiser Voraussicht schon leicht angetrunken und gebremst modisch verkleidet, wähnte mich also perfekt ausgestattet für einen amüsanten Abend in solch einem Etablissement. Doch eines hatte ich nicht bedacht: Nach den Maßstäben der meisten Gäste gehörte ich zu den Fossilien! Das konnte man sogar im Neondunkel sehen. In den Augen der Tänzerinnen, an die ich mich in alter Verbundenheit (oder sagen wir: nostalgischer Verblendung) herangepirscht hatte, blinkten Fragen auf: »Ist der vom Jugendamt?«, »Habe ich den bei *Aktenzeichen XY* schon mal gesehen?«, »Wird der gleich kollabieren?« Dabei hatte ich keineswegs die Absicht, mich diesen jungen Dingern ernsthaft zu nähern, sie vielleicht sogar auf ein Getränk einzuladen oder ihnen meine Telefonnummer aufzudrängen. Dazu bin ich jetzt doch schon zu lange etwas älter. Es war allein der Kontext der ganzen Situation, der mich zu einem verdächtigen Subjekt machte. Allerhöchstens als Mitglied der Rolling Stones hätte ich an Ort und Stelle mit Nachsicht rechnen dürfen. Vermutlich wurden die jungen Tänzerinnen durch mein Erscheinen an ihre eigene Sterblichkeit erinnert. Und wer will das schon, an einem warmen Juniabend, bei Tanzmusik, mit 21 Jahren?

Ich bin dann schnell geflüchtet. An eine Theke, an der hauptsächlich Menschen verkehren, die hin und wieder bei ARD und ZDF reinzappen. An einen Ort also, an dem man auch nach abgeschlossener Berufsausbildung noch gern gesehen ist, sofern man die Drinks bezahlen kann. Nach einigen Minuten in stiller Depression beschloss ich schließlich, das Problem mit dem Barkeeper zu besprechen. Wann zum Teufel hat das angefangen, dass einen die Praktikantinnen im Büro siezen? Warum gibt es auf den Partys, zu denen ich eingeladen werde, ein Catering, aber keinen DJ mehr, und warum in Gottes Namen versteckt meine Frau meine Turnschuhe im Keller?

Der Getränkemann zuckte nur mit den Schultern. Kunststück. Er ist erst Mitte dreißig und gehört vermutlich auch noch zu denjenigen über-dreißigjährigen deutschen Männern, die sich im Schnitt 8,4 Jahre jünger fühlen, als sie laut Personalausweis tatsächlich sind. Diese Tatsache haben diverse Untersuchungen ergeben. Erschreckend, nicht wahr? Vor allem, wenn man in Rechnung stellt, dass sie sich alle auch so benehmen.

Vielleicht hätte ich keinen dusseligen Barkeeper, sondern gleich Herrn Schopenhauer zu diesem Thema befragen sollen: »Die ersten vierzig Jahre unseres Lebens liefern den Text, die folgenden dreißig sind der Kommentar dazu«, hat er einst geschrieben, 1851 schon. Gut zu wissen, dass man dieses Problem zu dieser Zeit also auch schon kannte.

Wissenswertes zum Reifeprozess des menschlichen Wesens ist auch im Buch von Claudius Seidl, *Schöne junge Welt*, nachzulesen, in dem der Autor allerdings behauptet, dass »wir nicht mehr älter werden«. Ich finde das falsch ausgedrückt: Wir tun vielleicht so, als ob wir nicht mehr älter werden, aber ein Blick in den Spiegel genügt, um das als alberne Illusion zu enttarnen. Seidl ist selbst längst über vierzig und klingt für mich, als ob er im dunklen Wald ein fröhliches Liedchen pfeift. Mag sein, dass Kulturkonsum, Lifestyle-Guides und ein Gym-Abo uns Alten dabei helfen, sich länger jung zu *fühlen* – aber man muss nur in die Gesichter der *jungen* Jungen blicken, die uns auf Sylt auf dem Mountainbike, in Monte Carlo im offenen Porsche oder in einem Berliner Klub in Nike-Sneakers über den Weg laufen, um zu wissen, was sie denken: »Netter Versuch, Alter!«

ABENTEUER

MIMIKRY, KARNEVAL UND EIN PAAR *COJONES*
Fünf alberne Abenteuer, mithilfe derer sich die Spreu vom Weizen und der Mann vom Weichei trennt. Oder, um es mit den Worten des Titans zu sagen:

»*Eier, wir brauchen Eier!*«

OLIVER KAHN

MEIN ERSTER VORSCHLAG klingt sicher auf den ersten Blick ein wenig ungewöhnlich. Aber ich versichere Ihnen: Sie werden Spaß haben, selbst wenn Sie scheitern.

Schleichen Sie sich doch einmal *unbefugt* auf eine Promi-Party oder auf ein feierliches Politiker-Bankett. Sie müssen es ja nicht gleich wie Hape Kerkeling machen, der 1991 als Königin Beatrix verkleidet vor dem Schloss Bellevue zum Staatsbesuch vorgefahren ist. Eine Nummer kleiner tut es auch. Inoffizieller Weltmeister in dieser international beliebten Freibier-Disziplin ist Carl Power, ein Spaßvogel aus Manchester, der seit über einem Jahrzehnt ständig im Rampenlicht von großen Sportveranstaltungen auftaucht – selbstverständlich ohne eingeladen zu sein. Zu seinen größten Triumphen zählt das Mannschaftsfoto von Manchester United beim Champions-League-Spiel gegen Bayern München im April 2001: Da steht Power in voller Montur neben Andy Cole, irgendwie hat er es also aufs Spielfeld und vor die Linse des offiziellen UEFA-Fotografen geschafft. Doch das war nicht alles: Er spielte schon ein paar Bälle auf dem Centre Court in Wimbledon und begegnete Michael Schumacher auf dem Formel-1-Siegerpodest in Silverstone.

Der aktuellste »Einschleicher« kommt aus Irland, wo das ganze Land im November 2011 über Conor Cunningham lachte. Der Fan der irischen Nationalmannschaft war mit Freunden ohne Eintrittskarte zum entscheidenden Qualifikationsspiel gegen Estland nach Tallin gereist und hatte sich dort Einlass ins Stadion verschafft. Zufällig fand er in den Katakomben des Stadions einen Trainingsanzug und ein volles Ballnetz und marschierte derart kostümiert auch noch kackfrech zu Spielbeginn an den Spielfeldrand und setzte sich neben den Nationaltrainer von Estland. Einen besseren Platz hat Cunningham in seinem ganzen Leben nicht gehabt. Nach der Partie feierte er auf dem Spielfeld ausgelassen mit »seinem« Team – begleitet von den Kameras der Weltpresse. In Dublin ist Cunningham jetzt berühmt, und er hat noch einiges vor.

Eine Herausforderung ganz anderer Natur wäre die Teilnahme am Karneval in Rio, der jedes Jahr aufs Neue Hunderttausende Brasilianer und Gäste aus aller Welt verzückt. Hier hat das Abenteuer viele Namen. Viele *weibliche* Namen.

Vorsorglich lässt die Regierung im Vorfeld des sinnlichen Tanzvergnügens Kondome verteilen. Laut Nachrichtensender n-tv waren das im letzten Jahr rund achtzig Millionen Lümmeltüten. Doch bevor Sie darüber nachdenken, wie Sie dieses Angebot zielführend einsetzen, hier noch eine kurze Warnung: Obwohl viele der *Cariocas* – die Einwohner Rios – aus der Stadt flüchten, um sich dem irren Trubel zu entziehen, dürfte es extrem schwer sein, ein Bett für die Nacht zu ergattern. Die Hotelpreise steigen auf ein absurdes Niveau – und darauf zu spekulieren, bei einer der hübschen Brasilianerinnen aus den berühmten Sambaschulen unterschlüpfen zu dürfen, hieße hoch zu pokern. Aber warum nicht, hier reden wir ja gerade über Abenteuer ...

Dazu passt auch der folgende Hinweis: Womöglich haben Sie schon einmal davon gehört, dass die ohnehin recht eindrucksvolle Kriminalitätsrate in Rio während der Karnevalstage noch einmal ansteigt – trotz der Rekordzahl von 50.000 einsatzbereiten Polizisten. Ein wenig Vorsicht wäre also auch in dieser Hinsicht geboten. Aber was soll's – ein bisschen Risikobereitschaft sollten echte

Männer schon mitbringen. Und wenn selbst Jude Law den Mut aufbrachte, nach Rio zu reisen ... Er wurde 2011 in einer VIP-Area beim Tanzen gesichtet.

Nächster Ortstermin im Samba-Brasil: 8.-13. Februar 2013.

Natürlich ist es bescheuert. Übermütig. Wahnsinnig. Ihr Versicherungsmakler wird Ihnen dringend abraten. Ihr Vater wird Sie enterben. Ihre Mutter wird Sie anflehen. Falls Sie eine Frau haben: Sie dürfte mit dem Gang zum Scheidungsanwalt drohen. Und Ihr Arbeitnehmer wird Ihnen vorsorglich kündigen, wenn er zu früh von Ihrem Plan erfährt. Und doch – irgendwie ist es eine coole Geschichte. Ich verspreche Ihnen, wenn Sie nicht Mitglied im örtlichen *Fight Club* sind oder einer Beschäftigung wie Banken ausrauben nachgehen, dürfte kein anderes Erlebnis für größeren Thrill sorgen als der *Encierro*, der Stierlauf durch die Altstadt von Pamplona.

Jedes Jahr zwischen dem 7. und 14. Juli startet dort pünktlich um acht Uhr morgens der Lauf von sechs Stieren und einigen begleitenden, aber ungefährlichen Ochsen. In der Regel dauert es drei Minuten, bis die wild gewordenen Kolosse die Stierkampfarena im spanischen Pamplona erreicht haben. Für die so genannten »Teilnehmer« in ihren weißen Hemden und roten Halstüchern können diese drei Minuten ganz schön lang sein. Vor allem, wenn sie versuchen, so lange wie möglich neben oder vor den Stieren her zu rennen – die vor Kraft strotzenden Tiere werden bis zu 25 Kilometer pro Stunde schnell. Auch wenn dabei seit 1924 nur (*nur?*) 15 Personen ums Leben kamen. Dieses Spektakel ist gefährlich. Alljährlich werden rund fünfzig Personen verletzt, einige davon schwer. 2006 etwa bockte ein Stier einen amerikanischen Touristen mit den Hörnern auf und verletzte ihn am Rückenmark – Querschnittslähmung war die Folge. Wie gesagt: Es ist bescheuert, übermütig und wahnsinnig, bei diesem Rennen mitlaufen zu wollen. Das hat sich aber noch nicht herumgesprochen. Tatsächlich wird der Andrang in Pamplona jedes Jahr größer. Verrückt.

Zurück zu den Eiern von Oli Kahn, dem Titan, und einer besonders pikanten Mutprobe: Ein Besuch bei dem Model Jasmine Mendez. Wer sich traut, bei ihr eine Sitzung zu buchen, braucht eine gut gepolsterte Drainage. Die Spezialität der erfolgreichen Unternehmerin – man darf sie auch Prostituierte nennen, ohne straffällig zu werden – ist der gezielte Tritt in den Unterleib ihrer männlichen Kunden. Jasmine Mendez ist eine professionelle Domina, und es scheinen tatsächlich einige unter uns zu sein, denen eine solche Behandlung umgerechnet knapp 200 Euro wert ist. In einigen Magazinen war zu lesen, wie so eine Sitzung vonstatten geht: »Schwungvoll holt sie aus und tritt mit großer Kraft zu, der Fuß landet mit voller Wucht im Schritt ihres Kunden.«

Die Dame selbst, laut eigener Aussage regelmäßig zwischen Florida und Los Angeles für Anwälte, Ärzte und erfolgreiche Unternehmer fußbereit, hat mit ihrem speziellen Angebot kein Problem: »Die Männer sind keine Perverslinge. Sie stehen einfach nur auf Schmerzen, dagegen ist doch nichts einzuwenden.«

Nun, wenn Sie jetzt neugierig geworden sind: Während ihrer vierjährigen Tätigkeit als Unterleibskanone hat Jasmine Mendez erst einen einzigen Kunden ins Krankenhaus getreten. Lustig, was man sich so alles in den Lebenslauf schreiben kann.

Ich persönlich würde Ihnen raten: Vergessen Sie die Domina und die Stiere. Werden Sie lieber Mitglied im *Mile High Club*. Das ist auch gefährlich und kann ziemlich teuer werden, aber wenn Sie Glück haben, springt deutlich mehr Vergnügen dabei heraus.

Den Mile High Club kennen Sie nicht? Kein Wunder, die Mitgliedschaft gibt's nicht im Internet zu gewinnen, und Vorsitzender können Sie dort ebenso wenig werden. Es handelt sich eher um einen virtuellen Klub, dem nur derjenige beitreten kann, der schon einmal über den Wolken Sex hatte. Nein, ein Berggipfel im Sauerland zählt nicht. Auch ein Solovergnügen ist ausgeschlossen. Der Thrill soll ja gerade darin bestehen, sich mit einer Partnerin (oder einem Partner) in die enge Toiletten-Kabine eines Flugzeugs zu drängeln und es sich dort nach allen Regeln der Kunst zu besorgen.

Nun, wer allein schon beim Gedanken an solch ein gymnastisches Kunststück Platzangst entwickelt, darf auf mein vollstes Verständnis zählen. Doch es soll ja Leute geben, die sich von Schwierigkeiten aller Art eher angezogen als abgeschreckt fühlen. Zumal wir hier über eine kriminelle Vereinigung sprechen: Sex in der Luft ist nicht erlaubt und wird – sofern man Sie dabei erwischt – als Erregung öffentlichen Ärgernisses gewertet. Vor allem Schweden, Norweger und Holländer wagen den Hochseilakt trotzdem überdurchschnittlich häufig, zumindest, wenn man einer Umfrage der British Airways glaubt: Sieben Prozent der schwedischen Fluggäste behaupten, Mitglied im Mile High Club zu sein. Ausgerechnet die Deutschen, ansonsten für jede Vereinsmitgliedschaft zu haben, verweigern sich diesmal: Nur magere drei Prozent hatten schon Sex in der Höhe.

Wer ein wenig mehr über die Vorzüge der Luftnummer erfahren will, dem sei ein Blick auf die Homepage des Klubs empfohlen – und natürlich gibt's dort auch T-Shirts und Aufkleber, damit sich die Mitglieder schon in der Airportlounge erkennen können: www.milehighclub.com

ALKOHOL

DEIN RETTER IN DER NACHT?
Ein Leben ohne Alkohol macht keinen Sinn — und wenig Spaß. Ein Leben im Dämmerzustand macht keinen Sinn — und einsam. Doch in Gefahr und höchster Not bringt der Mittelweg den Tod ...

»Man muss dem Leben immer um mindestens
einen Whisky voraus sein.«
HUMPHREY BOGART

DER RICHTIGE UMGANG MIT ALKOHOL gehört zu den Themen, die nie ausdiskutiert sein werden, da mache ich mir keine Illusionen. Wir sind uns aber hoffentlich im Grundsatz einig (sofern Sie kein gläubiger Moslem oder Quäker sind): Ohne Alkohol wäre das Leben eine Spur langweiliger – und Partys würden gar keinen Sinn machen. Andererseits richtet Alkohol eine Menge Unheil an. Denken Sie nur an Harald Juhnke, Mel Gibson und an alles, was nach einem Schluck Rotkäppchensekt mit Ihrer Bauchspeicheldrüse passiert. Aus diesem Grund möchte ich mich jetzt nicht hinstellen und Ihnen vorschreiben, wie Sie mit dem teuflischen Destillat umgehen sollen. (Alkohol ist nämlich keine Lösung, rein chemisch gesehen zumindest.) Stattdessen präsentiere ich Ihnen hier nur völlig wertfrei ein paar sehr... ähem ...unterschiedliche Aussagen über Alkohol und seine Wirkung. Entscheiden Sie einfach selbst, welchem der folgenden Ratgeber Sie in Zukunft vertrauen.

»Bier ist der Beweis,
dass Gott uns liebt und möchte,
dass wir glücklich sind!«
BENJAMIN FRANKLIN

»Durch Alkohol und Haschisch
bringt man sich auf Stufen der Kultur
zurück, die man überwunden hat.«
FRIEDRICH NIETZSCHE

»Wer nicht liebt Wein, Weib und Gesang,
der bleibt ein Narr sein Leben lang.«
DEUTSCHE VOLKSWEISHEIT

»Ein Männerabend mit Glotze,
Bier und Chips ist tausendmal besser als ein
nobles Abendessen mit einer Frau, die ja doch
immer nur Komplimente hören will.«

JOHN MCENROE

»Wenn ich breit bin, werde ich immer spitz.«

WOLFRAM WUTTKE

»Den Armen machet reich der Wein,
Drum sollt' er allzeit trunken sein.«

DEUTSCHE VOLKSWEISHEIT

»Fett hocken sie auf dem Sofa, bei Nüsschen
und Bier, im Zigarettenrauch – und regen sich
über die jungen Haschischraucher auf.«

GERHARD KOCHER

»In Wein und Bier ertrinken mehr
denn im Wasser.«

ALTDEUTSCHES SPRICHWORT

»Abstinenzler sind Leute, die niemals
entdecken, was sie versäumen.«

MARCELLO MASTROIANNI

»Ich könnte dich schön saufen,
aber dann wäre ich zu besoffen für Sex!«

UNBEKANNTER DEUTSCHER JUGENDLICHER

❡

»Eins habe ich: Charakter in meinem Gesicht.
Es hat mich eine Menge langer Nächte
und Drinks gekostet, das hinzukriegen.«

HUMPHREY BOGART

❡

»Die erste Pflicht der Musensöhne ist,
dass man sich ans Bier gewöhne.«

WILHELM BUSCH

❡

»Es hat keinen Sinn,
Sorgen in Alkohol ertränken zu wollen,
denn Sorgen sind gute Schwimmer.«

ROBERT MUSIL

❡

»Wo aber der Wein fehlt,
stirbt der Reiz des Lebens.«

EURIPIDES

❡

»Alkohol konserviert alles,
ausgenommen Würde und Geheimnisse.«

ROBERT LEMBKE

»Wir alle wissen, dass ein mäßiger Genuss
von Alkohol nicht gesundheitsgefährdend ist.
Ähnlich verhält es sich mit der Radioaktivität.«

ERNST ALBRECHT

»Ich habe viel von meinem Geld für Alkohol,
Weiber und schnelle Autos ausgegeben.
Den Rest habe ich einfach verprasst.«

GEORGE BEST

»Wo ist der Unterschied zwischen einem Glas
Absinth und einem Sonnenuntergang?«

OSCAR WILDE

»Ich traue keinem Mann, der keinen Alkohol trinkt.«

JOHN WAYNE

»Realität ist die Illusion,
die aus Mangel an Alkohol entsteht.«

IRISCHES SPRICHWORT

»Wenn man nach ein Uhr nachts trinkt,
sagt man Dinge, die sich herumsprechen
und die man später bereut.«

KONRAD ADENAUER

»Udo Lattek haben sie Blut abgenommen.
Ergebnis: Reiner Alkohol, verschmutzt durch
rote Blutkörperchen.«

MAX MERKEL

»Lüge ist das Gesetz unseres Lebens,
und es gibt zwei Auswege: Alkohol ist
der eine und Tod der andere.«

TENNESSEE WILLIAMS

»Schwierig wird's im Restaurant.
Alle beugen sich über die Weinkarte, man selbst
hört sich ›Apfelschorle‹ sagen. Die Reaktionen
der Tischgenossen und des Personals sind
etwa so, als hätte man gesagt: ›Bitte räumen Sie
die Nebentische, ich habe offene TBC.‹«

HARALD SCHMIDT

»Ich trinke nie etwas Stärkeres als Gin
vor dem Frühstück.«

W. C. FIELDS

Bessie Braddock: »Sir, Sie sind betrunken.«
Winston Churchill: »Madam,
Sie sind hässlich. Ich hingegen werde
morgen früh nüchtern sein.«

»Ein guter Martini ist so, als ob
man mit Greta Garbo in
einem See hoch oben im Norden
nackt baden würde.«

BARNABY CONRAD

»Man liebt mich auch dann noch,
wenn ich voll bin wie eine Natter.«

HARALD JUHNKE

»Ich war der Harald Juhnke
des Fußballs.«

ULI BOROWSKI

»Hurerei, Wein und Most
nehmen den Verstand weg.«

HOSEA 4:11

»Noch ein Martini und
ich liege unterm Gastgeber.«

DOROTHY PARKER

UND ZUM SCHLUSS statt dem Zitat eines klugen Menschen noch etwas Wissenschaft. »Ist maßvoller Alkoholgenuss gesünder als Abstinenz?«, lautete die Ausgangsfrage einer aktuellen Studie. Und was soll man sagen: Diese steile These scheint zu stimmen! Eine neue, methodisch solide Studie belegt die Tatsache, dass demjenigen, der einen moderaten Alkoholkonsum pflegt, ein längeres Leben beschert ist als dem humorlosen Abstinenzler. Diese Annahme war zwar nicht vollkommen neu, dafür aber heftig umstritten. Bei den bisherigen Studien ist nämlich nicht ausreichend kontrolliert worden, ob die teilnehmenden Abstinenzler womöglich prinzipiell eine schlechtere Gesundheit hatten, durch einen ungesunden Lebensstil zum Beispiel, oder weil es sich bei ihnen vielleicht sogar um trockene Alkoholiker handelte.

Der Psychologe Charles Holahan von der University of Texas in Austin hat also mit seinen Kollegen 1142 Männer und 682 Frauen im Alter von 55 und 65 Jahren über einen Zeitraum von zwanzig Jahren beobachtet und dabei zum ersten Mal auch soziodemografische und gesundheitliche Hintergründe, soziale Verhaltensweisen sowie die persönlichen langjährigen Trinkmuster berücksichtigt. Es ließ sich trotz allem noch schlussfolgern, dass das Risiko, während des Studien-Zeitraums zu sterben, unter Abstinenzlern geringfügig höher war als bei mäßigen Alkoholtrinkern. Prost!

DREI FAKTEN ZUM THEMA ALKOHOL

1. Die Bezeichnung »Kater« für dieses üble Gefühl am Tag nach einem anständigen Besäufnis stammt aus der studentischen Umgangssprache des 19. Jahrhunderts und leitet sich von »Katarrh« ab.

2. Mythos Strohhalm: Wird man wirklich schneller betrunken, wenn man Alkohol mit einem Strohhalm trinkt? Antwort: jawohl! Alkohol tritt nicht nur über Magen und Darm sondern auch über die Mundschleimhaut in den Blutkreislauf ein. Das passiert umso schneller, je kleiner die Portionen sind, die nacheinander über den Mund aufgenommen werden. Grund: Die Kontaktoberfläche wird erhöht und die Verweildauer von Alkohol auf der Mundschleimhaut verlängert.

3. Zum Schluss ein ungewöhnlicher Elchtest: Im schwedischen Malmö wurde 2005 ein Seniorenheim von einer Herde angetrunkener Elche belagert. Die aggressiven Suff-Elche hatten vergorenes Obst gefressen und mussten schließlich von bewaffneten Polizisten vertrieben werden. Das beweist: Alkohol sorgt selbst bei unseren Alten noch für eine Menge Aufregung!

AUTO

VERMEIDEN SIE UM HIMMELS WILLEN DEN IDIOTENTEST

Nein, nein, alles in Ordnung, natürlich sind Sie ein guter Autofahrer. Trotzdem gibt es ein paar Dinge, die ich Ihnen dringend raten würde, um stilvoll und unbeschadet durch den deutschen Verkehr zu kommen.

»Frauen arbeiten heutzutage als Jockeys, stehen Firmen vor und forschen in der Atomphysik. Warum sollten sie irgendwann nicht auch rückwärts einparken können?«

BILL VAUGHAN

FALSCHFAHREN

Früher hießen Falschfahrer noch Geisterfahrer, was aber aus psychologischen Gründen abgeschafft wurde. Das ist bedenklich, denn heimlich sind wir davon überzeugt, dass jeder außer uns selbst im Prinzip ein Falschfahrer ist. (Halten Sie sich bitte mit dieser Ansicht zurück, vor allem wenn Sie neben einem potenziell gewalttätigen Verkehrsteilnehmer an einer roten Ampel stehen.) Offiziell gemeint sind hier jedoch diejenigen minderbegabten Verkehrsteilnehmer, die es geschafft haben, mindestens fünf tiefrote Verbotsschilder zu übersehen, um bei der Autobahn auf die Gegenfahrbahn einzubiegen. Solch eine wilde Fahrt wird stets live im Radio übertragen – dennoch handelt es sich dabei um Aufmerksamkeit, die wirklich niemand braucht. Außerdem ist es wirklich, wirklich gefährlich.

HANDSCHUHFÄCHER ZUMÜLLEN

In dem kleinen Verschlag auf der Beifahrerseite findet sich so ziemlich alles, was ein durchschnittlicher Autofahrer gerade nicht braucht – und vermutlich auch *nie* brauchen wird. Handschuhe meistens nicht. Stattdessen klebrige Weingummis vom vorvorletzten Urlaub, ein Stadtplan von Zagreb, zwei Musikkassetten von 1982, die sich nicht mehr abspielen lassen, sowie ungefähr fünfzig Tankquittungen, die man endlich zu den Steuerunterlagen legen sollte. Was leider wider Erwarten fehlt – und man merkt es erst dann, wenn der Herr in grün-beiger Uniform mit gerunzelter Stirn neben einem steht – sind die Kfz-Papiere. Bei der sofort ausbrechenden hektischen Suche fällt stattdessen dann der Kleine Feigling auf den Sitz, den man schon so lange vermisst. Räumen Sie Ihr Handschuhfach auf! Das *war* mal sexy. Im ersten Semester.

FLUCHEN AN DER AMPEL
Zugegeben, so eine Ampel erscheint auch mir hin und wieder wie das alltägliche Folterinstrument des mündigen Bürgers, eingesetzt von als Verkehrsplanern getarnten Fahrradfahrern. Sie dienen in Deutschland auch als Inkasso-Instrument, eine Ampel schafft quasi für den Staat an – zumindest, wenn sie bei Rot überfahren wird. Wie wir wissen, haben Ampeln nur in südlichen Ländern höflichen Vorschlagscharakter. Hierzulande sollte man bei Rot tatsächlich anhalten und möglichst darauf verzichten, wild zu fluchen – es sieht derart albern aus. Außerdem verrate ich Ihnen jetzt ein Geheimnis: Es ist nur eine banale Verschwörungstheorie, dass der Staat die »grüne Welle« grundsätzlich verhindert, weil er mit der Benzinlobby unter einer Decke steckt. Bleiben Sie ruhig, bleiben Sie souverän und suchen Sie schnell nach einem Radiosender, dessen Moderatoren nicht ins Mikro jubeln, als seien sie voll auf Goldbärchen.

WATCH OUT FOR FLENSBURG
Verderben Sie es sich auf keinen Fall mit Flensburg, dem verhassten Symbol für den »gläsernen« Autofahrer. Wie kann eine harmlos-norddeutsche Stadt nur solch ein Image

haben? Hier werden die gesammelten Verstöße von Falschparkern und Promillekapitänen in Punkte umgewandelt, wobei es andersherum läuft als in der Bundesliga: Wer zu viele Punkte sammelt, steigt ab. Erst für einen Monat, am Ende dann zum Idiotentest (siehe unten). Spätestens bei der dritten Geschwindigkeitsübertretung beziehungsweise missachteter Ampel sollte man sich ein paar Gedanken machen. Prahlen Sie auf Partys nicht mit vielen Punkten in Flensburg. Kein Ehrenmann wird diesen Spaß verstehen.

DEN IDIOTENTEST NÖTIG HABEN

Der Idiotentest heißt nur im Volksmund so – was eine Menge aussagt über Menschen, denen man das Führen eines Automobils nicht mehr zutraut. Wird gern im Anschluss an ein mehrmonatiges Fahrverbot angeordnet und soll klären, ob der Ex-Führerscheinhalter geistig und charakterlich dazu geeignet ist, demnächst wieder ein Auto zu lenken. Abgesehen davon, dass es extrem lästig ist, sich mit solch einem Test herumschlagen zu müssen, ist die ganze Angelegenheit auch noch teuer. Schließlich kostet ja auch jeder Punkt, den man in Flensburg angehäuft hat.

BLITZER MELDEN

Sind Sie Hausmeister oder Ex-Stasi-Mitarbeiter? Wie peinlich ist das denn, morgens eilfertig um sieben bei Radio Superdrauf anzurufen und aufgeregt ins Handy zu blöken: »Blitzer Beethovenplatz stadtauswärts, sie sitzen im dunklen Bully!« Dabei reden wir doch bloß über ein paar unterbezahlte Streifenhörnchen aus dem mittleren Dienst, die für den Staat Bußgelder von Rasern einsammeln (von denen der Staat dann besser ausgebaute Straßen bezahlen kann, auf denen es sich noch schneller rasen lässt). Petzen ist unwürdig!

ÜBER EINEN MIDLIFE-CHRYSLER NACHDENKEN
Haben Sie auch schon von dieser Wahnvorstellung von Männern gehört, die offenbar ab dem vierzigsten Lebensjahr einsetzt: Sie gaukelt einem vor, mit dem Erwerb eines schicken oder auch einfach nur dicken Autos ließe sich der eigene Zellverfall aufhalten – oder wenigstens in einem ganz anderen, sehr viel freundlicheren Licht erscheinen. Der Midlife-Chrysler hat mit der Firma Chrysler nur bedingt zu tun, obwohl diese auch über diverse Protz-Karossen wie den Le Baron verfügt. Unter diesen Begriff fällt natürlich genauso ein Porsche oder ein Chevrolet Corvette (vor allem, wenn man zeitgleich auf Luden umschult).

VERGESSEN SIE DEN KOFFERRAUM!
Merkwürdigerweise ist der Kofferraum für viele Landsmänner ein wichtiges Kriterium bei der Kaufentscheidung eines Autos. Die Devise lautet: Je größer, desto besser. So als ob wir jeden Tag zum Flohmarkt unterwegs oder im Teppichhandel aktiv wären. Klobige Formen und ausladende Heckarchitektur werden bei einem Auto dankend in Kauf genommen, wenn sich nur ein Pony im Kofferraum unterbringen ließe, gesetzt den Fall, man hätte mal so ein Problem. Vergessen Sie das doch einfach, denn: Je klobiger der Kofferraum, umso unschöner das dazugehörige Auto. Und im Notfall leihen Sie sich von dem Typen nebenan den Sprinter.

SPORTFELGEN
Wer nicht in einem getunten Fahrzeug auf dem Nürburgring herumfährt und sein Benzin selbst bezahlen muss, der sollte unbedingt darauf verzichten. Die Sportfelge ist der Gummibaum des Straßenverkehrs. Er kündet vom hilflosen Dekorationswillen seines Besitzers, ist meistens hässlich und in Zonen, in denen 50 km/h schon als schnell gelten, ohnehin ein albernes Statement.

SYLTAUFKLEBER
Eine reine Imagefrage: Vor allem in trüben deutschen Kleinstädten ist der Syltaufkleber am Autoheck ein schnöder, durchschaubarer Versuch, Wohlstand und Weltläufigkeit zum Ausdruck zu bringen. Da Sylt gerne als das Miami des Nordens verstanden wird, dient der Aufkleber in erster Linie der gesellschaftlichen Aufwertung, manchmal selbst bei Leuten, die es nie weiter nördlich als bis nach Recklinghausen geschafft haben. Wollen Sie mit diesen Menschen in einem Wagen sitzen, symbolisch betrachtet?

SPIELEN MIT DER FERNBEDIENUNG
Tom Levine nennt die Fernbedienung der Zentralverriegelung in seinem klugen und amüsanten Buch *Planet Auto* das »Zauberamulett des Remote-Zeitalters«, was das Gefühl der Erhabenheit, die einen passionierten Fernbediener umtreibt, noch nicht vollkommen erfasst. Es gibt Männer, die funken ihre Kiste schon aus fünfzig Metern an und genießen es, wenn das eigene Auto vieräugig zurückblinkert. Manche grinsen dabei, als ob sie ein Raubtier dressiert hätten.

IMAGE I

WER WAR NOCH MAL DIESER ROBERT ZIMMERMANN?
Nicht jeder hat so ein Selbstbewusstsein wie Barbra Streisand. Viele Künstler und Personen des öffentlichen Lebens haben im Laufe ihres Lebens ihren Namen geändert. In einigen Fällen war das eine richtig gute Idee ...

»Ich kam nach Hollywood, ohne meine Nase korrigiert, die Zähne überkront und meinen Namen geändert zu haben. Das befriedigt mich wirklich.«
BARBRA STREISAND

WENN SIE SCHLAGERSÄNGER WERDEN WOLLEN oder Politiker mit der Chance, mal in der *Tagesschau* erwähnt zu werden, dann empfiehlt es sich in der Tat, nicht gerade auf den Namen Hans-Jörg Brunschikowsky oder Piet Platt zu hören. Allen anderen empfehle ich den harten Weg. Es mag ein wenig komplizierter sein, als Markus Stiltfang Beziehungsratgeber zu verfassen oder als Ruth Siecher-Grandelrath in den schleswig-holsteinischen Landtag einzuziehen, aber man kriegt das hin. Und wäre es so nicht auch sehr viel befriedigender? Ich meine, der eigene Name ist doch Teil der lieb gewonnenen Identität, und wer will diese schon aufs Spiel setzen in der Hoffnung auf eine halbgare Karriere in den Medien? Es ist ja schon schwer genug, sich mit seinem *Spitz*namen anzufreunden. (Nun gut, möglicherweise hängt das damit zusammen, dass man sich den nicht selbst ausgesucht hat.)

Zur Veranschaulichung des Problems folgt hier eine Liste mit Menschen, die sich anders entschieden haben. Bekannte Persönlichkeiten, die unter falscher Flagge segeln. Entscheiden Sie selbst, ob das für jeden Einzelnen eine gute Idee war.

Dean Martin = Dino Paul Crocetti
Willy Brandt = Herbert Ernst Karl Frahm
Bob Dylan = Robert Allen Zimmermann
Tom Cruise = Thomas Cruise Mapother IV
Rudi Carrell = Rudolf Wijbrand Kesselaar
Dolly Buster = Katerina Nora Baumberger
David Bowie = David Robert Jones
Truman Capote = Truman Streckfus Persons
Maria Callas = Maria Anna Sofia Cecilia Kalogeropoulos
DJ Bobo = Peter René Baumann
Andy Borg = Adolf Andreas Meyer

Kirk Douglas = Issur Danielowitsch Demsky
Elvis Costello = Declan Patrick Aloysius MacManus
Gina Wild = Michaela Schaffrath
Pelé = Edson Arantes do Nascimento
Thomas Anders = Bernd Weidung
Meg Ryan = Margaret Mary Emily Anne Hyra
Alexandra Maria Lara = Alexandra Maria Plătăreanu
Sir Elton John = Reginald Kenneth Dwight
Nicolas Cage = Nicholas Kim Coppola
Novalis = Georg Philipp Friedrich Freiherr von Hardenberg
Lady Gaga = Stefani Joanne Angelina Germanotta
Max Raabe = Matthias Otto
Fred Astaire = Frederick Austerlitz
Tina Turner = Anna Mae Bullock
Blümchen = Jasmin Wagner
Phillip Boa = Ernst Ulrich Figgen
Sido = Paul Hartmut Würdig
Campino = Andreas Frege
Puff Daddy = Sean John Combs
George Sand = Amandine-Aurore-Lucile Dupin de Francueil
Heino = Heinz Georg Kramm
Udo Jürgens = Udo Jürgen Bockelmann
Roland Kaiser = Ronald Keiler
Marilyn Manson = Brian Hugh Warner
Blixa Bargeld = Christian Emmerich
Bela B. = Dirk Felsenheimer
George Michael = Georgios Kyriacos Panayiotou
Romy Schneider = Rosemarie Magdalena Albach
Hera Lind = Herlind Wartenberg
Cat Stevens = Steven Demetre Georgiou = Yusuf Islam

IMAGE II

WER WAR DOCH GLEICH DER BRIONI-KANZLER?

Man kann sich nicht dagegen wehren. Manche verfolgen einen ein Leben lang. Andere dokumentieren lediglich ein tückisches Missverständnis ...

»Der einzige Name, der den Menschen wirklich charakterisiert, ist sein Spitzname.«
BOLESLAW BARLOG

DER ROTE BARON

Es hat gedauert, bis die Leimener Tennislegende Boris Becker sich vom grenzdebilen Beinamen »Bum-Bum-Boris« verabschieden durfte. Doch passt die durchaus selbstironische Inszenierung als »Roter Baron« wirklich besser zu einem Mann, der einst die Vokabel »Samenraub« erfand und für das deutsche Publikum inzwischen hauptsächlich an Pokertischen und der VIP-Tribüne von Bayern München stattfindet?

Inzwischen jedenfalls sieht Becker aus wie eine leicht angeschmurgelte Mischung aus angelsächsischem Landadel und badensischem Fliesenleger – noch zehn Kilo mehr und er wird zum roten *Ballon*.

THE BODY

Es gibt Nationen, da muss man mindestens Präsident gewesen sein, wenn man auf einer Briefmarke verewigt werden will. Für die Australierin Elle Macpherson, Jahrgang 1963, reichte es aus, über einen der schönsten Körper der Welt zu verfügen. Das Ex-Supermodel, das auch als Schauspielerin und *Playboy*-Model Aufsehen erregte, wurde schon 1986 von der *Times* zu »The Body« gekürt.

Gegen Ende des Jahres 2011 kursierten aktuelle Fotos von Macpherson in der Weltpresse, die die inzwischen immerhin 48-jährige Australierin beim Surfen zeigten. Es ist also davon auszugehen, dass ihr der Spitzname nicht so schnell aberkannt wird.

THE MACHINE

Gehen wir einfach davon aus, dass jeder weiß, worauf sich dieser Spitzname bezieht ...

Nein, ganz im Ernst: Wer hätte sich solch einen Ehrentitel (un)redlicher verdient als Charlie Sheen? Der Mann hat in seinem Leben mehr als *Two and a Half Men* gestanden: Er gilt als pornosüchtiger Drogenfreund, Krawallbürste und Dirnenbeglücker (laut eigenen Angaben hat er mit rund 5500 Frauen geschlafen). Das tat seiner Beliebtheit im puritanischen Amerika erstaunlicherweise keinen Abbruch, vielleicht weil er selbst in seinen düstersten Stunden in Polizeihandschellen vor den Augen der Weltöffentlichkeit immer noch einen derben Spaß auf den Lippen hatte. Die Leute scheinen der »Maschine« einfach alles durchgehen zu lassen, so lange sie mit ihm lachen können.

LABER-LOTHAR

In den letzten Jahren hatte der ehemalige Weltfußballer Lothar Matthäus einfach nicht mehr »a little bit lucky«. Nicht genug damit, dass er eine Tingel-Tour über die Provinzsportplätze der Welt absolvierte – wenn er denn überhaupt einen Job als Fußballtrainer ergatterte –, egal, wo er sich aufhielt, er fiel durch die unglückliche Wahl von Frauen und Worten auf. Inzwischen ist er viermal verheiratet und wieder geschieden worden, zudem haben einige Zitate von ihm längst Kultstatus. Zum Beispiel: »Wir sind eine gut intrigierte Truppe.« Oder auch: »Ich hab gleich gemerkt, das ist ein Druckschmerz wenn man draufdrückt.« Einer geht noch: »Wir dürfen jetzt nur nicht den Sand in den Kopf stecken.«

BRIONI-KANZLER

Ins Bundeskanzleramt wollte er dringend hinein, und als er drin war, da ließ er sich die Haare nicht färben, verließ dafür aber seine Frau Hillu, weil diese ihm nichts Vernünftiges zu essen mehr auf den Tisch stellte. Außerdem zählte er zur hedonistischen Toskanafraktion der deutschen Sozialdemokraten. Gerhard Schröder lieferte also eine Menge Vorlagen für einen süffigen Spitznamen, doch in Erinnerung geblieben ist ausgerechnet der »Brioni Kanzler«. Der war durchaus spöttisch zu verstehen: Kaum Kanzler, ließ sich Gerhard Schröder im Kaschmirmantel von einem Starfotografen für die damals skandalöse Summe von 4000 Mark ablichten. (Heute verscherbelt der fesche Gerhard Öl für die Russen. In SPD-Kreisen wird er deshalb hinter vorgehaltener Hand auch schon einmal der »Gazprom-Gerry« genannt.)

MUSCHI
Selbst die normalerweise über jeden Blödsinn erhabene Zeit konnte es nicht lassen, sich feixend über die Gattin des ehemaligen bayrischen Ministerpräsidenten Stoiber zu belustigen. »Er nennt sie *tatsächlich* Muschi«, stand dort geschrieben. Was Karin Stoiber davon hält, war auf die Schnelle nicht in Erfahrung zu bringen. Vermutlich ist sie einiges gewohnt, ist sie doch mit einem Menschen verheiratet, der selbst von seinen Parteifreunden als »Stammel-Stoiber« verlacht wurde – bei allem Respekt natürlich.

THE BRAIN
Erinnert sich noch wer an Zlatko Trpkovski? Der damals 24-jährige Schwabe – liebevoll Sladdi genannt – gehörte zu den Insassen der ersten *Big-Brother*-WG, in der er als überragender Sprücheklopfer und Großmeister des unfreiwilligen Humors schnell im ganzen Land populär wurde. Legendär sind seine selbstbewussten Einzeiler: »Keine

Ahnung, ob Shakespeare Filme gemacht hat oder Dokumentationen.« Oder: »Ich hab Menschenkenntnis, da scheißt du dir in die Hosen!«

Inzwischen schraubt »The Brain« wieder an Autos herum, mit seiner Medienkarriere hat er abgeschlossen. Immerhin hinterließ er einen berühmten letzten Satz, nachdem er als Sänger bei der Vorentscheidung zum *Eurovision Song Contest* gnadenlos ausgepfiffen worden war: »Vielen herzlichen Dank, ihr Fotzköpfe!« Aber gern.

KARL DER GROSSE

Für Menschen aus der Modebranche gilt Karl Lagerfeld als eine Art Halbgott, für den Rest der Welt allerdings eher als eitler Fatzke mit dem manierierten Auftreten eines dressierten Zirkuspferds. Zu seinen »Verdiensten« zählt sicherlich, dass er Claudia Schiffer entdeckt hat. Trotzdem möchte ich mich in diesen Streit nicht einmischen, Gott bewahre, prinzipiell finde ich Menschen, die mit beinahe achtzig noch mit gepudertem Zopf und Röhrenhöschen unterwegs sind, durchaus putzig. Und dass der in Bad Bramstedt als Glücksklee-Fabrikantensohn groß gewordene Lagerfeld hin und wieder als »Karl der Große« durch die Gazetten gejagt wird, ist ja auch nicht böse gemeint. Ihn wird es vermutlich sogar freuen.

DER KAISER

Dass Deutschland sich heimlich eine Monarchie, ja im Prinzip den alten Kaiser Franz Joseph zurückwünscht, ist bloß ein Märchen unserer Altvorderen. Zumal wir schließlich schon einen regierenden Kaiser haben: Franz Beckenbauer, der ewige Libero, Heilsbringer und Lichtgestalt des deutschen Fußballs, der nicht nur als Kicker und Trainer Weltmeister wurde, sondern Deutschland auch noch das Sommermärchen 2006 verschaffte.

Der Franz aus Giesing steht in dem Ruf, dass alles gelingt, was er anpackt (siehe: »Lichtgestalt«), da stören selbst die zuweilen nebulösen Botschaften wenig, die der Kaiser im Fernsehen in allen Fragen des gesellschaftlichen Miteinanders aussendet. Am Ende hat er Moral und Beifall immer auf seiner Seite – selbst als er mit einer Büromitarbeiterin des FC Bayerns außerehelich aktiv worden war, brachte der Kaiser, diese Lichtgestalt, einen unschlagbaren Konter: »Der liebe Gott freut sich über jedes Kind!«

Was schert es ihn, dass ihn nur die Übelkrähen der Linkspresse zuweilen etwas härter rannehmen und ihn nach besonders albernen Zwischenrufen auch hin und wieder mit einem dritten Spitznamen bedenken: »Firlefranz«!

ROTTWEILER

Zunächst steht hier die Tatsache im Raum, dass der Rottweiler ursprünglich als Metzgerhund bekannt war. Nicht besonders schmeichelhaft. Darüber hinaus jedoch kann man nur wenig Schlechtes über den muskelbepackten, gedrungenen Hund sagen: intelligent sei er, wachsam, ein guter Hüter zudem. Nichtsdestotrotz wird sich Camilla Mountbatten-Windsor (ehemals schlichter: Parker-Bowles) wohl kaum darüber gefreut haben, dass Lady Diana, die Gattin des englischen Thronfolgers, diesen Spitznamen für sie einst etabliert hat. Lady Di ließ keinen Zweifel daran, dass sie eher auf die optischen Übereinstimmungen von Camilla und dem gemeinen Rottweiler anspielte. Die hämische englische Boulevardpresse war begeistert und griff den Tiernamen gerne auf. Zuletzt dürfte allerdings dann doch Camilla gelacht haben ...

TANTE KÄTHE

Und noch ein Fußballer. Glücklicherweise bezieht sich dieser Kampfruf unter den Spitznamen nicht auf das Lauftempo des ehemaligen Weltklassestürmers Rudi Völler, sondern auf dessen Haarpracht. Völler trägt bis heute eine Art unfreiwillige Dauerwelle: gekraustes, fisseliges Haar, oder sagen wir: einen auch mit viel Aufwand nicht in den Griff zu bekommenden Zauselhaufen.

Der momentan als Manager von Bayer Leverkusen tätige Fußballer ist ein sympathischer Mensch mit einer hellsichtigen Selbstwahrnehmung, so stammt das beste Zitat über seinen Kopfschmuck auch von ihm selbst: »Was meine Frisur angeht, mache ich mir keine Illusionen.«

NUTELLA-GANG

Interessanter Name für eine Gruppe von Kriminellen, oder? War anfangs auch nicht nett gemeint, wurde später jedoch von den Betroffenen mit Gleichmut und Selbstironie zur Marke stilisiert: Die Rede ist von einer Gruppe von Zuhältern, die in den Siebziger- und Achtzigerjahren den Hamburger Kiez rockten. Es handelte sich dabei um ein paar junge Männer, die den legendären Kiez-Platzhirschen der GMBH ans Futter wollten. Gerd, Mischa, Beatle und Harry verspotteten die jungen Burschen anfänglich noch als Milchbubis, die sich noch Nutella aufs Brot schmieren, doch das Lachen sollte ihnen bald vergehen: Die süßen Luden verleibten sich schon bald mit äußerst aggressiven Methoden ein großes Stück vom Kiezkuchen ein.

Bekannteste Vertreter der Nutellas waren der für den Bereich »Stress« zuständige Schläger »Karate-Thommy« Born, der als Oberpoussierer erfolgreiche »schöne Klaus« Barkowsky oder der »Wiener-Peter«, der als Chef der Nutellas den Killer Pinzner mit vier Auftragsmorden beschäftigte.

BETT

**SPIEL NIE DAS GANZE LIED
IN DER ERSTEN NACHT**
Ich behaupte: Oralsex kann eine feine Sache sein — für alle Beteiligten. Wenn man sich allerdings nur einen Blasen lassen möchte, kann man auch zu einer Dirne gehen.

Technisch gesehen mag das ja kein großer Unterschied sein. Praktisch wäre es aber so, als missbrauche man den Nürburgring für Seifenkistenrennen. Haben Sie schon mal drüber nachgedacht, was Sex so nett macht? Nein? Dann helfe ich Ihnen: Beim Sex gestatten sich zwei Menschen Gebärden, Geräusche und Vertraulichkeiten, die außerhalb eines wohlwollenden Kontexts nur eines wären: Zeugen einer lächerlich grotesken Verrichtung, ein biologischer Reflex, tumbe Triebabfuhr. Erst ein gewisser emotionaler Mehrwert macht aus dem schlichten Evolutionsauftrag eine menschliche, intime Begegnung.

Nun hat Oralsex im Vergleich zu allerlei anderen hübschen sexuellen Praktiken einen Nachteil, der nicht zu unterschätzen ist: Man kann sich dabei ganz schlecht in die Augen sehen. Und muss sich deshalb schon darauf verlassen können, dass hier alles mit rechten, sprich: liebevollen Dingen zugeht, dass Vertrauen, Hingabe und echte Zuneigung im Spiel sind. (Technische Details lassen wir erst einmal außer Acht.) Diese Emotionen sind es, die eine wirkliche Bindung ausmachen, und die guten Sex vom Porno unterscheiden. Heißt: Wenn Sie nicht nur an schnöder Dienstleistung interessiert sind, sollten Sie der Dame, die sich da einen halben Meter unter Augenhöhe gerade um ganz großes Entertainment bemüht, ein wenig wohlwollendes Interesse und Respekt entgegenbringen.

Woraus sich schlussfolgern lässt: Meine Herren, für die erste Nacht mit einer Frau kommt der Blowjob zu früh. Fordern Sie ihn nicht ein, oder wie es ein alter Freund von mir einmal so schön gesagt hat: »Spiel nie das ganze Lied in der ersten Nacht«.

Lassen Sie uns auch über den Quickie sprechen, ein zuweilen stark unterbewerteter Akt, der sich zum normalen Koitus verhält wie ein Taifun zum Sommergewitter. Haben Sie nun schon einmal von einem Taifun gehört, der sich als Ouvertüre einen launigen kleinen Platzregen gönnt? Anders ausgedrückt: Schneller Sex ist bisweilen nur deswegen so gut, weil er ein bisschen wild, ein bisschen rau und mindestens ein bisschen unkontrolliert daherkommt. Und haben Sie auch schon mal darüber nachgedacht, was einem guten Blowjob am wenigsten bekommt? Genau: wildes, raues, unkontrolliertes Geschubber in Schräglage, bei dem Sturm und Drang zwar gut gemeint, aber völlig fehl am Platze sind. Mal ganz abgesehen von der Verletzungsgefahr.

Guter Oralsex steht für Genuss, für Muße, und ja, auch für Präzision. Entdecken Sie den Reiz der Langsamkeit für sich, goutieren Sie ihn wie ein gutes Essen mit Freunden oder einen Sundowner in einer einsamen Strandbar. Frauen genießen den Cunnilingus dann am meisten, wenn er nicht aussieht, als ob Sie mit Ihrer Zunge das Straßenpflaster aufreißen wollten. Was bedeutet: Sex im Freien, am Strand etwa oder im Garten – jedenfalls überall dort, wo es schnell gehen muss und potenzielles Publikum gleichzeitig als Lustverstärker und Abtörner wirkt –, kommt besser *ohne* orale Variante aus.

Eine Ausnahme dieser Regel ist selbstverständlich der nasse Traum eines jeden Kleinwagenbesitzers: Er fährt, sie bläst. Hat jeder schon mal drüber nachgedacht. Kann ich aber leider sogar außerhalb geschlossener Ortschaften nicht empfehlen, wobei moralische oder erotische Bedenken weit hinter den Vorbehalten der Straßenverkehrsordnung (sic!) stehen. Schade eigentlich.

Fassen wir zusammen: Ein Blowjob kann dann eine feine sexuelle Erfahrung sein, wenn er von Menschen ausgeübt wird, die nicht den nächsten Bus kriegen müssen und schon ein wenig mehr als ihre Vornamen voneinander wissen. Das ist die eine Sache.

Schiefgehen kann dann allerdings immer noch eine Menge. Der Klassiker vorneweg: Es soll vorkommen, dass die eine oder andere Frau sich nicht wohl dabei fühlt, wenn sie etwas in den Mund nehmen soll, was dort eigentlich nicht hineingehört. Frauen, die sich bei dem bloßen Gedanken an einen Blowjob schon schütteln wie ein Fön im Badewasser, sollten Sie verschonen. Auch wenn Sie das irgendwie prüde und wenig zeitgemäß finden. Seien Sie ein Gentleman. Die Dame Ihres Herzens wird Mittel und Wege finden, ihr erotisches Angebotsdefizit zu kompensieren. (Hoffe ich für Sie!) Kein Mann mit einem Funken Ehrgefühl im Leib sollte es genießen, wenn seine Partnerin mit einem Gesichtsausdruck an ihm saugt, als wohne sie gerade einer Hausschlachtung bei. Glücklicherweise ist dieses Worst-Case-Szenario inzwischen die große Ausnahme in deutschen Schlafzimmern. Doch leider können auch bei Oralsex-geneigten Damen Probleme auftreten, vor allem bei Anfängerinnen. Womit wir bei der *Technik* des Blowjobs wären und den pädagogischen Herausforderungen, die zuweilen an Männer gestellt werden. Fakt ist schließlich: Frauen machen Fehler im Bett! (Kein Grund, mir frauenfeindliche Tendenzen unterstellen zu wollen – beim Cunnilingus stellen sich Männer in der Regel auch nicht besser an.)

Deshalb hier nun eine kleine, aber wie ich denke repräsentative Auflistung der Missverständnisse, die bei einem Blowjob entstehen können:

Zuerst einmal das semantische Problem. Der Blowjob ist gar keiner, das heißt, er sollte zumindest keiner sein. Es ist nicht mehr nachzuvollziehen, wer die Information verbreitet hat, dass beim Oralsex irgendwer irgendetwas »blasen« sollte. Auf alle Fälle ist sie falsch!

In der Top Five der Dinge, die man beim Blowjob besser nicht tun sollte, nehmen das »Blasen« oder auch nur das »Pusten« die höchsten Ränge ein. Knapp gefolgt von der spürbaren Anwesenheit einer soliden Zahnreihe. Selbst tolerante Männer, die keine Angst davor haben, geschreddert statt gesaugt zu werden, empfinden nur wenig Vergnügen bei solch einem bissfesten Akt, sei er auch noch so gut gemeint. Ein beinahe ebenso unbeliebtes NoGo wäre der Schraubstockgriff, mit dem ein empfindlicher Penis gewürgt und justiert wird wie ein Bolzenschussgerät. Mit dieser Defensivtaktik wollen Frauen offenbar verhindern, dass er sich auf allzu tiefe Exkursionen in die Höhlenlandschaft des Mund- und Rachenraums begibt. Obwohl anatomische Bedenken völlig unbegründet sind, wie T. C. Boyle in seinem Roman *Dr. Love* beweist: »Sie nahm seinen Phallus in den Mund bis zur Wurzel, als wäre sie eine Schwertschluckerin auf dem Jahrmarkt. Später fanden wir übrigens heraus, dass zu den zahlreichen physiologischen Modifikationen, die mit sexuellen Aktivitäten einhergehen, auch die Aufhebung des Würgereflexes gehört, womit die Anpassungsfähigkeit der Oralhöhle an sexuelle Bedürfnisse hinreichend demonstriert wäre.« Als diesbezüglich aufgeklärter Mann könnten sie nun also darauf bestehen, dass ihre Partnerin das ganze Schwert schluckt, schließlich ist sie dazu theoretisch in der Lage. Allerdings möchte ich den Mann sehen, der einer hysterisch würgenden Dame in seinem Schoße nicht gestattet, trotzdem hin und wieder Luft zu holen.

Bei all diesen technischen Unzulänglichkeiten gibt es nun ein Problem: Wie kommuniziert der Mann von Welt seine Verbesserungsvorschläge, wenn er nicht klingen will wie ein erotischer Sachbearbeiter? Zumal Lernen durch Vorführen in dieser Disziplin ja leider nicht in Frage kommt? Nun, ganz einfach: Nonverbal. Zurückhaltend. Zärtlich. Nichts ist im Bett ein größerer Stimmungskiller als eine neunmalkluge Vorlesung in Sachen Leidenschaft. Mit Geduld und subtilen Signalen lernen auch unbegabte Zungenartistinnen früher oder später, was echte Freude bereitet. Und wenn sie tatsächlich einmal Lunte riecht und fragt, ob Ihnen ihr Blowjob denn gar keinen Spaß macht, dann leugnen Sie, mein Herr, leugnen Sie, so überzeugend Sie nur können. Ansonsten können Sie sich von dieser sexuellen Spielart für lange, lange Zeit verabschieden. Da bin ich ganz bei Jean Gabin, der einmal gesagt hat, wenn auch in anderem Zusammenhang: »Wenn alle Menschen immer die Wahrheit sagten, wäre das die Hölle auf Erden.«

MOBIL

MIT DER LUXUSVILLA AUF DIE STRASSE
Das Vorurteil kennen Sie: Campen ist nur was für Holländer und ewige Studenten. Nun. Prinzipiell nicht ganz verkehrt. Aber es gibt Ausnahmen ...

»*Camping ist der Zustand, in dem der Mensch seine eigene Verwahrlosung als Erholung empfindet.*«
FRANK-MARKUS BARWASSER

SIE FINDEN SCHON ALLEIN DIE IDEE SPIESSIG, mit dem eigenen Camper durch die Welt zu gondeln? Okay, kann ich verstehen. Was Ihnen da allzu häufig auf der Autobahn entgegenkommt, ist in der Regel ja tatsächlich nicht besonders ansehnlich. Es gibt hauptsächlich zwei Varianten: Das fahrende Eckreihenhaus mit Gardine, gerne aus den

Niederlanden. Oder das heruntergekommene Fliewatüüt mit Atomkraft-Nein-Danke-Aufkleber, das knapp vor der Notschlachtung durch den ADAC steht. Beide Varianten kommen für einen erholsamen Urlaub für moderne Männer mit einem Interesse an gehobener Lebensart natürlich nicht in Frage. (Es sei denn, Sie kommen an einen Bulli T1 ran, aber das ist eine andere Geschichte – dann sind Sie ein stilbewusster Hippie und im falschen Buch!)

Für Menschen mit gewissen Ansprüchen gab es schon immer Ausnahmen: Die Erzeugnisse der Firma Volkner Mobil zum Beispiel wirken zwar schon immer leicht überdimensioniert, doch man benötigt tatsächlich keinen Busführerschein, um diese luxuriösen Kolosse lenken zu dürfen. Einer der Vorzüge dieser locker um die Million Euro teuren Camper ist, dass man in einer Art Mittelgarage einen ausgewachsenen PKW mitführen kann: Porsche, Wiesmann oder Mini – alles kein Problem für Menschen mit dem nötigen Kleingeld!

Gegen den im Jahre 2012 auf die Menschheit losgelassenen Marchi eleMMent wirkt aber auch der Volkner nur wie eine langweilige Vorgartenlaube. Wenn jemals ein Camper die Trash-Sexyness einer Corvette erreicht hat, dann ist es diese Kiste mit ihrer eigenen Dachterrasse. Schon ab 1,7 Millionen Euro ist das futuristisch geratene Gefährt zu haben – in der Basisausführung, versteht sich. Wer ein paar Extras einbauen lassen möchte, muss für den 510 PS starken Brummer locker ein paar Hunderttausend Euro mehr auf den Tisch legen. Wobei, das Wort »futuristisch« trifft es vielleicht nicht ganz: In den Augen des normalen Betrachters muss der Edel-Camper ungefähr so wirken, als habe Spielberg sich einen weißen Hai für die Autobahn gebaut: Hässlich. Abweisend. Spektakulär. Dabei sei der Front-Froschaugen-Look das Ergebnis einer langen Versuchsreihe und helfe in erster Linie beim Spritverbrauch – bessere Aerodynamik und so. Ob der Käufer eines solchen Geräts – dreißig Quadratmeter Wohnfläche, zwanzig Quadratmeter Dachterrasse – wirklich an einem niedrigem Spritverbrauch interessiert ist? Man weiß es nicht. Amazon würde texten: Kunden, die dieses Fahrzeug gekauft haben, kauften auch die Hummer Geländewagen und die Leopard 2 Kampfpanzer ...

CHAMPAGNER

DAS PRICKELNDE APHRODISIAKUM
Natürlich könnte man bei einem Rendezvous einfach Sekt servieren. Aber das wäre ja so, als würde man sich für Neu-Ulm entscheiden, obgleich New York auch auf der Karte steht.

»Ich trinke Champagner, wenn ich froh bin und wenn ich traurig bin. Manchmal trinke ich davon, wenn ich allein bin; und wenn ich Gesellschaft habe, dann darf er nicht fehlen. Wenn ich keinen Hunger habe, mache ich mir mit ihm Appetit, und wenn ich hungrig bin, lasse ich ihn mir schmecken. Sonst aber rühre ich ihn nicht an, außer wenn ich Durst habe.«
MADAME LILY BOLLINGER

SICHER KENNEN SIE diesen Werbespot eines Bierherstellers, in dem eine junge Frau aus dem Off mit eigentümlichem Zungenschlag säuselt: »Kannst du mir nicht schicken eine Flasche von die Bier, die so schön hat geprickelt in meine Bauchnabel?« Dazu räkelt sich das formschöne Wesen im Hintergrund in schwarzer Spitze und gurrt, als sei sie 24 Stunden zuvor von Johnny Depp persönlich beglückt worden. Hübsch anzusehen ist das, aber man muss nicht zweimal drüber nachdenken, um zu wissen: Irgendetwas stimmt hier nicht.

Dass der Adressat Harald heißt, nun, das mag aus dem Munde der französischen Sirene durchaus verführerischer klingen als aus dem der bundesdeutschen Damen. Und ästhetisch ist am gebräunten Gewölbe der darbenden Maid im Werbespot auch wenig auszusetzen. Das Problem aber, bei dem jeder halbwegs vernunftbegabte Mensch mit dem Kopf schüttelt, steckt im Detail – oder besser im Bauchnabel: Wer um alles in der Welt würde denn auf die Idee kommen, beim *Tête-à-Tête* mit schnödem Bier zu punkten? Bier prickelt nicht im Bauchnabel, das gärt und schäumt da höchstens ein wenig vor sich hin und wäre auch olfaktorisch nicht gerade der perfekte Botenstoff für erotische Raufhändel. Nein, Hopfen und Malz sind beinahe überall gut aufgehoben – nicht aber verschüttet auf dem straffen Bindegewebe einer bereits vielversprechend entblätterten Schönen.

Schon Jeanne Antoinette Poisson – der Nachwelt als Mätresse des französischen Königs Ludwig XV. unter dem Namen Madame de Pompadour bekannt – hatte da eine viel bessere Idee: »Champagner ist das einzige Getränk, das Frauen schöner macht, je mehr sie davon trinken.« Zwar steckt auch in dieser These ein logischer Fehler, diesmal jedoch ein hochwillkommener: Natürlich wird keine Frau schöner, wenn sie sich dem perlenden Prickelwasser hingibt. Aber sie *fühlt* sich so. Und das ist es, was zählt.

Champagner steht in dem Ruf, ein ausgezeichnetes Aphrodisiakum zu sein. Und es gibt viele gute Gründe für diese Annahme.

Beginnen wir mit banaler Lautmalerei: Allein der Begriff »Champagner« klingt bereits charmanter als der ganze Rest der Spirituosen, die sich in einer durchschnittlich ausgestatteten Hausbar stapeln. Wenn man noch dazu in der Lage ist, der Dame seines Herzens ganz nonchalant ein Markenprodukt aus dem Hause Moët & Chandon anzubieten, einen Dom Pérignon zum Beispiel, weist man schon nonverbal eine gewisse Klasse auf und zeigt ihr außerdem: »Sie sind es mir wert, Madame!« Eine 0,75er Flasche ist nicht unter hundert Euro zu haben – und auch wenn sich die Annas, Sophies und Maries dieser Welt keinesfalls kaufen lassen: Ganz unbeeindruckt werden sie nicht bleiben, wenn sich ein charmanter Galan so sehr ins Zeug für sie legt.

Wer sich im emotionalen Foyer des gepflegten Beischlafs für einen Dom Pérignon entscheidet, ist kein garstiger Knauser, sondern ein Botschafter der gehobenen Lebensart, ein bacchischer Genießer. Das sind Signale, die selbst die Stirn der exquisitesten Damen feucht werden lassen. Und das wäre erst der Anfang ...

Mit der Wahl eines Dom Pérignon hat man(n) darüber hinaus noch einen weiteren Trumpf im Köcher: »Kommt schnell, ich trinke Sterne!«, soll der Erfinder und Erstwinzer dieses himmlischen Getränks seine Freunde gerufen haben, als er zum ersten Mal von seinem eigenen Produkt kostete. Ein wunderbarer Satz, mit der sich jede flirtwillige Dame zwischen Aarau und Sansibar auf rosa Wölkchen betten und die Waffen strecken würde. Oder, um es mit einem weiteren klugen Mann auszudrücken, dem französischen Philosophen Jean Anthelme Brillat-Savarin: »Beim Bordeaux bedenkt, beim Burgunder bespricht, beim Champagner begeht man Torheiten!« Dom Pérignon übrigens war ein französischer Benediktinermönch aus dem siebzehnten Jahrhundert, der – damals noch unter dem Namen Pierre – die *methode champenoise*, ein Verfahren der Flaschengärung zur Herstellung von Schaumwein, maßgeblich entwickelt hat. So mancher Playboy der Neuzeit hat daraus seine ganz eigene Méthode champenoise entwickelt, und die funktioniert durchaus auch mit Erzeugnissen der Häuser Veuve Clicquot, Piper-Heidsieck oder Pommery – als erotisierende Einstiegsdroge nämlich.

Dass Champagner unter rein physiologischen Gesichtspunkten von Wissenschaftlern gar nicht zu den effektiven Scharfmachern im Schlafzimmer gezählt wird, dürfte im wahren Leben nur eine untergeordnete Rolle spielen. Der Wiener Sexualtherapeut Karl Stifter beispielsweise komponierte nach akribischen Studien ein effektives Aphrodisiakum aus dem chinesischen Pilz Lingzhi, dem brasilianischen Gewächs Catuaba sowie Grünem Hafer und Brennesselwurzeln. Besonders sinnlich klingt das nicht, und man kann sich nur schwer vorstellen, dieses Extrakt am späten Abend formvollendet anzupreisen, bevor man in die Waagerechte wechselt. Etwa mit den Worten: »Meine Liebe, möchten Sie mal von meiner geilen Brennesselwurzel kosten?« Nicht wirklich, oder?

Allerdings sieht das Karl Stifter selbst ganz ähnlich und verweist auf die Notwendigkeit von natürlichen Erhitzern: »Was wäre ein Rendezvous ohne Musik, Kerzenlicht und einem Glas Champagner?« Es dürfen dann auch gerne einmal zwei sein, und wer schlau ist, hat ein weiteres Fläschchen des goldenen Lustwassers ganz nah am Bett deponiert. So ein feuchter Champagnerkuss nämlich steht in der Top Ten der erotisch-frivolen Schmankerl nicht unbegründet ziemlich weit oben. Außerdem hat nicht gelebt, wer nicht wenigstens einmal im Leben in einer Champagnerlache die Budapester Beinschere versucht oder die Petersburger Schlittenfahrt nachgeturnt hat. Allein der Gedanke daran vermag es, die Herzen der stolzesten Frauen ... vielleicht nicht zu brechen, aber doch wenigstens ein wenig zu erweichen.

Sparen Sie nur um Himmels willen nicht am falschen Ende, siehe oben: Mit Bier läuft da gar nichts, und auch Rotkäppchensekt oder eine Billigfuhre Asti Spumante wären wohl kaum in der Lage, in Ihrem Schlafzimmer ein funkelndes Feuerwerk abzubrennen.

Beherzigen Sie bitte, dass jedes Abenteuer im Kopf beginnt. Und dass nur echter Champagner auf ihren Brüsten und in ihrem Bauchnabel *wirklich* prickelt, das sollten Sie dabei möglichst ebenso wenig vergessen.

DAS PERFEKTE GETRÄNK FÜR EINE VIELVERSPRECHENDE NACHT?

Versuchen Sie es mit einem Armand de Brignac Brut Gold! Wir reden hier über eine goldene Flasche mit Prägelabel, die in einer schwarzen Goldbox geliefert wird und aussieht, als habe man sie für die rauschende Ballnacht in einem Königshaus entwickelt – oder für das erste Treffen von Romeo und Julia. Sie stammt aus dem Hause Cattier in Chigny-les-Roses und kostet, nun ja, annähernd 400 Euro. Das allein ist kein Problem für einen Gentleman mit ehrlichen Absichten und entsprechenden Einkünften. Schwieriger ist es indes, überhaupt eine der begehrten schwarzen Boxen zu ergattern: Pro Jahr werden ganze 2600 Stück von genau acht Handwerkern hergestellt. Viel Glück!

HEIMATKUNDE

DEUTSCHE ORTSNAMEN
Deutschland muss ein Hort der lockeren Sitten und heimlichen tiefen Abgründe sein. Oder wie erklären Sie sich die nachfolgenden Ortsnamen, die — ich erwähne es ausdrücklich — alle tatsächlich wahr sind?

Alf	Geilenkirchen	Linsengericht	Pups
Benzin	Geilsheim	Luderbach	Sack
Blasdorf	Hanf	Motzen	Sexau
Brechen	Hodenhagen	Mückenloch	Stütgerloch
Busenberg	Hölle	Nicollschwitz	Tuntenhausen
Darmstadt	Killer	Niedergottsau	Übersee
Deppenhausen	Kotzendorf	Niederreißen	Unterkaka
Feucht	Kotzenloch	Oberbillig	Witzwort
Ficker	Krötennest	Oberholzklau	Wixhausen
Fickmühlen	Kuhschnappel	Ottosau	
Fucking	Leck	Pech	
Frankenstein	Lederhose	Pissen	
Gammelsdorf	Lieblos	Poritz	

ETIKETTE

IST DER RUF ERST RUINIERT …
Worüber sollten Sie bei einer Dinnerparty nicht sprechen? Wie begegnen Sie einem arroganten Snob? Dürfen Sie die Toilette einer jungen Dame benutzen? Das nachfolgende Kapitel liefert Auswege aus diesen und anderen kniffligen Situationen des Alltags.

»Wer im Verkehr mit Menschen Manieren einhält, lebt von seinen Zinsen; wer sich aber über sie hinwegsetzt, greift sein Kapital an.«
HUGO VON HOFMANNSTHAL

GUTE MANIEREN BENÖTIGEN SIE in der Regel eher in der Öffentlichkeit. Es hilft zwar, wenn Sie auch im häuslichen Rahmen in der Nähe von Mutter, Frau und Kind ein gewisses Benehmen an den Tag legen, aber übertriebene Etikette wird hier sicher nicht eingefordert. Allerdings kommt mir immer wieder zu Ohren, dass Männer im Umgang mit ihren Allerliebsten im trauten Heime dazu neigen, jedwede Zurückhaltung aufzugeben.

Diesen Barbaren habe ich eine traurige Wahrheit zu verkünden: Es war bloß ein derber Bauer und *nicht* Martin Luther, wie so oft behauptet, der bei einem Festmahl rief: »Was rülpset und furzet ihr nicht, hat es euch nicht geschmacket?«. Dazu war der Reformator viel zu kultiviert.

Nein, egal aus welchem Grund und in welchem Zusammenhang: Unterlassen Sie das Rülpsen und Furzen in Gegenwart anderer Menschen, es ist kein feiner Zug – außer Sie möchten provozieren beziehungsweise »Grenzüberschreitungen gegenüber herrschenden Normen zelebrieren«, wie es in einem Konversationslexikon prägnant umschrieben wird. Diese Ausnahme der Regel ist jedoch wirklich nur Halbwüchsigen gestattet, allerhöchstens noch notorischen Spaßmachern wie Otto Waalkes.

Zurück zur Öffentlichkeit und der drängenden Frage: Wie verhalte ich mich im Restaurant, beispielsweise beim Business Lunch? Das fängt schon bei den Smalltalk-Themen an: Wer diese Kunst beherrscht, muss sich keine Gedanken über seine Stellung in der sozialen Rangordnung machen – amüsante Gesprächspartner sind überall willkommen, selbst an Orten und in Konstellationen, die nicht ihren natürlichen Bedingungen entsprechen.

Zu den Klassikern der leichten Unterhaltung gehören Urlaubsorte und das Wetter, der favorisierte Fußballverein oder auch die amourösen Abenteuer der Stars aus dem *Gala*- und *Bunte*-Universum. Abzuraten ist derweil von einem Gespräch über sämtliche Arten des körperlichen Verfalls. Auch wenn sogenannte »Stars« schon vor laufender Kamera Darmspiegelungen ertragen und sich die Lippen aufspritzen lassen – knapp vor, während und nach dem Essen sind Themen dieser Preisklasse nicht willkommen, unter anderem deshalb, weil sie alle Beteiligten an die eigene Sterblichkeit erinnern.

Auch Geld und der Umstand, dass etliche Stinkstiefel zu viel davon haben und Sie selbst leider permanent zu wenig, gilt in bestimmten Kreisen als Tabu – man wird Sie zeitlebens als kleinkarierten Pfennigfuchser in Erinnerung behalten, und Sie werden keine Gelegenheit haben, diesen ersten Eindruck zu widerlegen – weil Sie nämlich nie wieder eingeladen werden. Wie schrieb Philipp Tingler doch so treffend in seinem Brevier *Stil zeigen*: »In einigen Milieus gilt es im gesellschaftlichen Umgang als Ressourcenverschwendung, sich mit jemandem zu befassen, der nicht mindestens eine Private Jet Card und ein kleines Anwesen auf St. Barth hat.« Treffer.

WETTBEWERB – VERMEIDEN SIE IHN, wo Sie können, auch wenn Sie sich herausgefordert fühlen. Wir alle kennen diese Wichtigtuer, die uns auf einer Party gegenüberstehen und Dinge sagen wie: »Am Wochenende fahre ich nach Zuffenhausen, da hole ich meinen neuen Porsche persönlich ab.« Das schmerzt, vor allem, wenn Sie selbst Ihren Subaru in Detmold erworben haben, bei Automobile Lörke. Es bringt aber nichts, mit gleicher Münze auszuteilen. Ein Satz wie: »Könnten Sie dann nicht über Zürich zurückfahren und ein paar Unterlagen beim Bankhaus Coutts für mich abgeben?« würde die Verhältnisse zwar wieder ins rechte Licht rücken, doch was passiert, wenn der Mann einwilligt – und Sie nur ein Konto bei der Stadtsparkasse Herne haben? Wie wäre es stattdessen mit der Verlagerung auf ein ebenso schlüpfriges Parkett: »Ach, da beneide ich Sie jetzt aber drum. Sie müssen sich unbedingt die Nazariuskirche in Zazenhausen gleich um die Ecke ansehen – also diese gotische Stabwerktür aus dem sechzehnten Jahrhundert ist wirklich ein Traum!« Schon haben Sie dem Porsche-Primaten ordentlich eingeschenkt. Der hält die Nazariuskirche vermutlich für ein neues Outlet von Boss. Wobei mir einfällt: Hatte ich gesagt, Sie sollten vermeiden, beim Smalltalk allzu wettbewerbsorientiert zu denken? Nunja, das gilt fast immer. Bei Menschen, die mit einem Auto, einem Rennpferd oder einer Yacht prahlen, dürfen Sie eine Ausnahme machen.

Beinahe noch anspruchsvoller als eine kultivierte Unterhaltung auf einer Party zu führen, ist es, seinen Gesprächspartner bei Nichtgefallen schnell wieder loszuwerden. Dieses Problem dürfte jedem Menschen bekannt sein, der zum Zwecke des geselligen Vergnügens schon einmal auf eine Party geriet – und in der Küche mit dem Rücken zur Wand von einer Person eingekesselt wurde wie von einer Meute Kampfhunde. Wie kommt man hier seelisch und körperlich unversehrt davon?

In den ersten 15 Minuten gilt: freundlich und diplomatisch bleiben und darauf hoffen, dass sich diese Krise in Wohlgefallen auflöst. Erst wenn die Langeweile in Folter ausartet, darf man über etwas offensiveres Krisenmanagement nachdenken.

Es gibt dann zwei Möglichkeiten: In einer Welt, in der wir alle gerne leben würden, steht Ihnen gerade eine gut aussehende Frau gegenüber, die zwar offenbar nicht viel zu sagen, aber einiges mehr zu versprechen hat. In diesem Fall also halten Sie sich an eine Weisheit der schwedischen Schauspielerin Ingrid Bergman: »Der Kuss ist ein liebenswerter Trick der Natur, ein Gespräch zu unterbrechen, wenn Worte überflüssig werden.« Vermutlich hat sie das ein wenig anders gemeint, aber das tut nichts zur Sache, orientieren wir uns am Ergebnis. Es besteht durchaus die Chance, dass Sie nach diesem Trick den weiteren Teil des Abends mit freudvolleren Dingen als ödem Smalltalk verbringen werden, oder Sie erhalten eben eine Abfuhr. In beiden Fällen: *Mission accomplished.*

Da wir aber in einer Welt leben, in denen Steuererklärungen, Guttenbergs und erektile Dysfunktionen existieren, handelt es sich bei Ihrem nervtötenden Konversationspartner leider nur in den seltensten Fällen um eine gut aussehende Frau. Nein, es ist in neun von zehn Fällen der langweilige Landarzt, der arbeitslose Schauspieler oder der ehrenamtliche Fußballfunktionär, der Sie mit seinen Erzählungen belästigt. In diesem Fall rate ich von der Bergman-Variante ab. Das Problem bleibt: Wie werden Sie den aufdringlichen Langweiler los, ohne ihn zu brüskieren? »Ich hol mal schnell was zu trinken!« ist der gängigste Ausweg, birgt aber die Gefahr, dass Ihnen Ihr Gesprächspartner folgt: »Prima, mein Glas ist auch schon wieder leer!« Auch der Gang zur Toilette ist heikel, möglicherweise schreckt der redselige neue Freund ja nicht einmal vor einem Begleitservice aufs WC zurück? Agnes Anna Jarosch ist Chefredakteurin von *Der große Knigge* und Deutschlands Benimm-Expertin Nummer Eins. Leute wie sie kann man mit solch einem Problem nicht in Verlegenheit bringen: »Sie dürfen sich ruhig unter einem Vorwand entschuldigen, beispielsweise weil man einer Kollegin (oder einem Freund) noch schnell Hallo sagen möchte.« Das klingt allerdings ein wenig uninspiriert, finden Sie nicht? Da gefallen mir die Strategien von Philipp Tingler schon besser: »Machen Sie irritierende Komplimente« oder: »Erzählen Sie von Ihrer letzten Herpes-Infektion.« Auch wenn man, wie Tingler einräumt, in solchen Fällen gerne selbst für ein bisschen merkwürdig gehalten wird.

Ich weiss noch genau, wann ich zum ersten Mal über dieses Problem nachdachte: 1996 war es, im Kino. Ich schaute Sarah Jessica Parker dabei zu, wie sie Männer datete, *If Lucy fell* hieß der eigentlich ganz amüsante Film. (Das australische Model Elle Macpherson spielte auch mit, vorwiegend unbekleidet.) Jedenfalls ließ Sarah Jessica Parker in einer Szene einen Mann in ihr Apartment, und zwar nicht mit der Absicht, mit ihm zu schlafen, es war ihr erstes Date. Dieser Mann wollte unbedingt kurz in die Wohnung – ihn zog es dringend auf die Toilette. Dort verrichtete der Kerl dann auch sein Geschäft, und es war kein kleines. Die empörte Parker schilderte diesen rüden Akt entrüstet ihrem Mitbewohner: »He left a stinker. O!M!G!«

Seitdem habe ich oft darüber nachgedacht, ob dieser Mann nun besonders natürlich und unverkrampft gewesen ist oder einfach nur ein Idiot. Ich meine, natürlich hat sich Sarah Jessica Parker aka Lucy nie wieder mit ihm getroffen. Ist das fair? Nein. Ist es nachvollziehbar? Tja. Das ist die Frage: Ist es denn wirklich so verwerflich, den Bedürfnissen seines Stoffwechsels nachzugeben? Selbst der Astronaut Buzz Aldrin hatte kein Problem damit, seinen Stuhlgang zu verrichten. 1969. Auf dem Mond. Schwerelos. (Muss allerdings ein komisches Gefühl sein, dass man über seinen schwebenden Haufen auch vierzig Jahre später noch spricht.) Oder die Japaner. Sie haben eine »Geräuschprinzessin« erfunden, kein Witz, eine so genannte

Otohime (nach einer japanischen Göttin ...): Diese Prinzessin simuliert das Geräusch der Wasserspülung, damit a.) das peinliche Geräusch des eigenen Geschäfts übertönt wird und b.) verhindert wird, dass man in seiner Not tatsächlich spült und auf diese Weise eine Menge Wasser verschleudert. Krank? Aber hallo. Noch kranker ist der Umstand, dass viele Japanerinnen die Geräuschprinzessin nicht nutzen, obwohl sie in den meisten Badezimmern installiert worden ist – weil sie fürchten, dass sie zu künstlich klingt. Stattdessen spülen sie dann doch lieber richtig!

Ich bin vom Wege abgekommen, zurück zur Ausgangsfrage: Ist es okay für einen Mann von Welt, in einem fremden Haushalt, ja sogar bei einer jungen Dame, die Toilette zu benutzen und sie mit seinen Exkrementen zu »besudeln«? Der Literaturwissenschaftler Dr. Florian Werner hätte da vermutlich keine Bedenken. Er hat ein sehr pragmatisches Verhältnis zum Stoffwechselendprodukt, das kann man nachlesen in seinem Buch *Dunkle Materie. Die Geschichte der Scheiße*. Werner wundert sich darüber, dass unsere dunkle Materie immer noch solch ein Tabuthema ist und ständig und überall verdrängt und geächtet wird. Auch der deutsche Sänger Jan Hegenberg scheint davon genervt zu sein, oder er hat einfach nur Spaß an der Provokation: In seinem Stück *Schöne Frauen* dichtet er derb, uncharmant, aber durchaus wahr: »Auch schöne Frauen müssen kacken geh'n, auch schöne Frauen müssen manchmal heftig bläh'n!«

In diesem Sinne: Machen Sie, was Sie wollen, entscheiden Sie das mit dem ... ähem ... Bauch. Bedenken Sie bitte aber in jedem Fall die folgende Weisheit aus dem Talmud: »Wer sich leicht schämt, sündigt schwer.«

WAS IST EIGENTLICH ...

... DIE PRIVATE JET CARD?

Eine Art Prepaid-Karte für Privatflugzeuge. Sie erwerben das Recht, eine bestimmte Anzahl von Flugstunden in einem Privatflugzeug zu nutzen. Slogan: »Nur NetJets kombiniert Größe, Stärke und Sicherheitsstandards einer kommerziellen Fluglinie mit der persönlichen Aufmerksamkeit eines Privatflugunternehmens.« Gut zu wissen.

... COUTTS?

Eine Züricher Bank für Menschen mit Geld. Viel Geld. *Richtig* viel Geld. Der Gegenpol zu einer Sparkasse. Hauptdienstleistung: Vermögensverwaltung. Quasi der Rolls Royce unter den Banken.

... DER FREIHERR VON KNIGGE?

Der deutsche Schriftsteller und Aufklärer Freiherr Adolph Franz Friedrich Ludwig Knigge, der 1752 als Spross einer verarmten Adelsfamilie in der Nähe von Hannover zur Welt kam. 1788 schrieb er sein wohl bekanntestes Buch *Über den Umgang mit Menschen*. Das Buch ist heute knapp und griffig als »Knigge« bekannt und gilt zumindest in konservativen Kreisen noch immer als die Benimm-Bibel.

PLASTISCHE CHIRURGIE

FALSCHER HASE

Immer mehr Frauen haben falsche Brüste. Immer weniger Männer finden das prima. Das hoffe ich jedenfalls.

»Wie macht man eine Frau in einem englischen Pub an? Man sagt einfach: ›Du hast wunderschöne Augen, deshalb möchte ich jetzt deine Brüste anfassen.‹«
CHRIS MARTIN

IN GEWISSER WEISE ist es beschämend für einen Mann, sich öffentlich über die Brüste von Frauen zu äußern. Man fühlt sich ein wenig wie ein Schiffsschaukelbremser auf dem Rummel. Rollig und indiskret. Brüste sind Privatsache. Nur Frauen haben welche, und Männer sollten froh sein, dass das so ist – das konserviert ihren Zauber! (Den der Brüste, versteht sich.) Wie sagte Woody Allen einst: »Wenn ich welche hätte, würde ich den ganzen Tag damit spielen!« Von einer besonderen Form oder einer bevorzugten Größe des Busens sprach der kurzbeinige Komiker nicht, und auch darüber, ob die Objekte seiner Begierde nun naturbelassen oder auch aus Implantaten bestehen dürfen, verlor er keine Silbe.

Damit bleibt es an mir hängen, zu diesem Problem Stellung zu beziehen, und das gleich möglichst stellvertretend für meine Gattung. Ein beinahe unmögliches Unterfangen. Da müsste ich Aussagen treffen, die gleichzeitig Dieter Bohlen, Dominique Strauss-Kahn und Julian Assange repräsentieren, und Kachelmann gleich noch dazu. Sie werden einsehen, dass das keine Option sein kann – allein deshalb, weil wir hier von ungleichen Voraussetzungen reden: Die meisten Männer, die ich kenne, haben noch nie in ihrem Leben eine Silikon-optimierte Brust angefasst, während ein Mensch wie *Playboy*-Boss Hugh Hefner in seiner ganzen Verkehrskarriere vermutlich *ausschließlich* von falschen Hasen umgeben war.

Lassen Sie es mich also so sagen: Einerseits halte ich Brustimplantate für prinzipiell grenzwertig und bedauere reflexartig jede Frau, die es nötig zu haben scheint, sich auf diese Weise zu pimpen. Andererseits schaue ich mir eine schöne Brust auf Magazincovern oder in französischen Nouvelle-Vague-Imitaten im Kino deutlich fröhlicher an, als eine leicht krumpelige, von der Schwerkraft gebeutelte oder mäusefäustchengroße Verlegenheit. Das ist völlig inkonsequent, schon klar. Ich bin ja nicht *so* blöd zu glauben, dass ausgerechnet Schauspielerinnen oder Models den

Segnungen ihrer genetischen Imprägnierung vertrauen. Das Bizarre an diesem Phänomen ist also, dass ich mit schönen (und oft nachbehandelten) Brüsten in den Medien wunderbar leben kann. Ein Hoch auf den Selbstbetrug: Silikonbrüste sind okay, so lange sie nicht als Silikonbrüste zu erkennen sind. Fake-Titten sind keineswegs okay, wenn Frauen wie Anna Nicole Smith, Lolo Ferrari oder Teresa Orlowsky es übertreiben und sich zu albernen Comic-Attraktionen ummodeln lassen.

Silikonbrüste sind ebenfalls nicht okay bei Frauen, deren Namen und Telefonnummer ich kenne. In seinem unmittelbaren Privatleben möchte man doch nicht mit verzweifelten Frauen konfrontiert werden!? Und wenn schon 18-jährige Arzttöchter auf XXL getrimmt werden und sich zum Abi keinen Golf mehr wünschen, sondern ein größeres Körbchen, dann ist das meines Erachtens keine gesunde gesellschaftliche Entwicklung.

Eine letzte Sache noch. Man kann die Frage, wie man zu Brustimplantaten steht, natürlich nicht beantworten, ohne auf deren haptische Qualitäten zu sprechen zu kommen. Oder auf die Defizite derselbigen – das ist eine Frage der Perspektive. Fakt ist: Silikonbrüste fühlen sich anders an. Ich wette, Sie fragen sich jetzt: Woher will er das denn wissen, dieser Wichtigtuer? Nun, ich erspare Ihnen die Details. Sagen wir, es hat mit schummrigen Bars zu tun und einer Verpflichtung zur Recherche im Dienste der Wahrheitsfindung. Jedenfalls fühlen sie sich *wirklich* anders an. Härter. Unflexibler. Klumpiger. Stellen Sie sich einfach vor, Sie hätten einen dieser blauen Gummibälle vor sich, mit denen früher in der Schule »Völkerball« gespielt wurde. So einen Ball schneiden Sie nun in der Mitte durch und füllen eine Hälfte davon mit Sand auf: Voilà! Kein Mensch mit subtilen taktilen Fähigkeiten möchte diese starrsteif-ausgeweiteten Kampfzonen berühren. Kein Stück.

Und so kommt es, dass Brustimplantate in der gleichen Liga spielen wie ein Audi TT, Hemden von Jürgen von der Lippe oder Täschchen von MCM: Sie sind nur schwer zu übersehen, aber keiner weiß genau, wozu sie eigentlich gut sind.

DER STOFF, AUS DEM DIE TRÄUME SIND

Riesenhafte bis cartoonartig große Brüste enthalten ziemlich sicher Polypropylen. Die Brustimplantate aus diesem Turbo-Stoff saugen Körperflüssigkeit auf und lassen die guten Stücke somit immer weiter wachsen. Das schafft die weltweit größten Tatsachen. Die Brüste der Titten-Titanin Chelsea Charms etwa bringen stolze 24 Kilo auf die Waage. Mit Silikon und Kochsalz – den handelsüblichen Zutaten von Kunstbrüsten – wäre dieses beeindruckende Ergebnis nicht zu erzielen gewesen. Gut, dass Polypropylen-Implantate in Europa und den USA seit 2001 verboten sind, habe ich recht, meine Herren?

**DIE ZEHN AMÜSANTESTEN
BRUSTVERGRÖSSERUNGEN VON
FRAUEN, DIE DAS SHOWBUSINESS
ZU WÖRTLICH NAHMEN**

- Tori Spelling
- Gina-Lisa Lohfink
- Lindsay Lohan
- Courtney Love
- Tara Reid
- Victoria Beckham
- Pamela Anderson
- Christina Aguilera
- Amanda Lepore
- Janet Jackson

FUSSBALL

WINNING UGLY
Nicht immer sind die besten Fußballer auch die erfolgreichsten. Manchmal reicht es schon, ein ehrgeiziger fieser Möpp zu sein. Wie im richtigen Leben.

»*Bei so einem Spiel muss man die Hosen runterlassen und sein wahres Gesicht zeigen.*«
ALEXANDER STREHMEL

HERIBERT FINKEN HIESS DER MANN. Er hat zehn Mal für Tasmania Berlin in der Bundesliga gespielt, 1965. Tore: Keine. Erfolge: Null. Er war selbst im Kader des schlechtesten Bundesliga-Absteigers aller Zeiten ein Underdog, einer, auf den nur im Notfall zurückgegriffen wurde. Und trotzdem gehört Finken zu den schillernden Namen des deutschen Fußballs. An ihn erinnert man sich, oder besser: an sein legendäres Zitat, mit dem er einst seinen berühmten Gegenspieler Stan Libuda begrüßte: »Mein Name ist Finken, und du wirst gleich hinken!« Nicht besonders phantasievoll, zugegeben, doch ergiebig genug, um vierzig Jahre Bundesliga zu überleben. Denn obschon Finken nie besonders auffiel – wenn man von seinen plumpen Fouls absieht, die aber zumindest nie Schienbeinbrüche oder ähnliche Katastrophen heraufbeschwörten – symbolisierte bereits seine schurkige Begrüßung die Anwesenheit der bösen Absicht im schönen Spiel.

Oder anders ausgedrückt: Finken war der geborene Antipode. Jeder Film, jeder Roman und auch jede sportliche Auseinandersetzung braucht Gute und Böse, Projektionsflächen für wohlwollende Identifikation oder verächtliche Ablehnung. Ohne Finken und die Apologeten seiner Geisteshaltung wäre der Fußball dieser Welt sehr viel langweiliger. Die Dramaturgie einer erbitterten Auseinandersetzung verlangt letztlich nach (mindestens einem) Bösewicht. Was wäre James Bond ohne seine legendären Gegenspieler Dr. No, Gerd Fröbe als Goldfinger oder dem Beißer Richard Kiel? Nichts weiter als ein smart gekleideter Playboy mit zu viel Tagesfreizeit und bedenklichen Trinkgewohnheiten.

Übertragen auf den Fußball hieße die Frage: Wäre die Welt nicht sehr viel ärmer, wenn nur kickende Künstler wie Franz Beckenbauer, Diego Maradona oder Leo Messi die Fußballstadien bevölkern würden? Hätte das nicht den lauwarmen Beigeschmack von Opernfestspiel und Kulturauftrag? Erst der Umstand, dass Beckenbauer sich auf dem

Spielfeld gegen fußballerisch minderbegabte Spucker, Beißer und Kratzer wie zum Beispiel Nobby Stiles, Claudio Gentile oder Detlef Pirsig herumschlagen und durchsetzen musste, verlieh seinem – von Haus aus körperlosem Spiel – nicht nur die nötige Effizienz, sondern auch die Anerkennung des großen Publikums. Oder erinnern wir uns an das WM-Endspiel 1986 zwischen Argentinien und der deutschen Nationalmannschaft. Der feine Techniker Maradona wurde an diesem Tag vom gehorsamen Auftragsdecker und Kreativkiller Lothar Matthäus bearbeitet wie ein Stück Gerbleder. Maradona spielte trotzdem den entscheidenden Pass in diesem Spiel und wurde ein Weltmeister wie Hollywood ihn liebt: *Against all odds!*

Um Lichtgestalten dieser Dimension zu gebären, braucht es Antipoden wie Matthäus, Gentile oder eben Finken. Spieler, die sich zwar demütig und pragmatisch mit ihren Defiziten angefreundet haben, nicht aber mit der Möglichkeit des eigenen Scheiterns. Mag ja sein, dass sie nicht wirklich gut mit dem Ball umgehen können und keine Veranlassung sehen, selbst ein Tor zu erzielen oder einen eleganten Pass zu spielen – doch sie kämpfen mit all ihren *unerlaubten* Mitteln dafür, dass es auch ihren Antipoden nicht gelingt. Sie sind Verhinderer, Verweigerer und manchmal sogar schamlose Vandalen.

Für den Fußballästheten César Luis Menotti – Trainer der argentinischen Weltmeistermannschaft von 1978 – verkörpern sie *das Schlechte* im Fußball – all das, was der hagere, stets kettenrauchende Schöngeist verachtet. Sie symbolisieren für ihn »die Art von Fußball, bei der nur der Gewinn zählt«. Menotti beschreibt in seinem Manifest

Fußball aus der Tiefe des Volkes auch die Spieler, die nicht in erster Linie daran interessiert sind, das Runde ins Eckige zu befördern, sondern eher das Spitze ins Weiche: den Fußballschuh in die Beine des Gegners nämlich, auch wenn das unter Umständen dessen körperliche Unversehrtheit gefährdet.

Menotti geißelt diese Art von Fußball als Ausdruck dekadenter Übernahme durch rechte, konsumorientierte Kräfte, die die Leichtigkeit und Freude des ursprünglichen Spiels karikierten: »Gemeint sind nicht nur eine ultradefensive Taktik, Ausdruck von Raffgier und Spekulation, sondern auch die ständigen Verletzungen des Reglements und der Einsatz aller erdenklichen Tricks. Solcher Fußball verleugnet seine eigenen Ursprünge, er verachtet die Begabung und fördert die Gewalttätigkeit. Er ist krank und er macht krank, weil er wie alle Konsumartikel dem Wesen nach hinfällig und vergänglich ist: Was gewinnt, ist gut, weil es sich gut verkauft. Diese Art von Fußball verhunzt ihre eigene Identität, indem der dem Fußball seit seinen Anfängen eigentümliche Charakter eines Volksfestes verleugnet wird.«

Das kann man so sehen. Wenn man sich unter der Woche auf Sport 1 ein freudloses Zweitligaspiel zwischen Ingolstadt und Hansa Rostock anschaut, wünschte man sich vielleicht durchaus, dass die Schönheit des Spiels, wie Menotti sie sich wünscht, wieder Einzug halten würde in die Duelle von Profiteams, in denen Spieler sich wie wild gewordene Rasenmäher in Zweikämpfe stürzen und wo purer Existenzkampf sichtbar jede Lust und Freude am Spiel eliminiert hat. Hauptsache, alle Spieler sind »in die

Zweikämpfe« gekommen, ein fadenscheiniger Euphemismus für den Umstand, dass beim Fußball schwer gearbeitet wird. Wie »Freigelassene der Schöpfung« jedenfalls, die nie »erwachsen werden mussten, weil sie nur selbstvergessen spielen sollen mit dem Runden« wirken diese Lohnkicker nicht, das ist auch dem fußballverrückten Theologen und Philosophen Dr. Jochen Wagner von der Evangelischen Akademie Tutzing aufgefallen.

Doch kann man ihnen das zum Vorwurf machen? Oder, bessere Frage: Sollte man das überhaupt? Wäre es nicht in Wahrheit viel langweiliger, braver und biederer ohne die knorrigen Kämpfer, die fiesen Blutgrätscher und gemeinen Übelkrähen des Fußballs, die in einer Sportart nach Erfolg streben, die sie eigentlich gar nicht beherrschen? Wie würde denn ein ungebrochenes, ausschließlich kunstsinniges Spektakel aus Genialität und Technik in den internationalen Fußballarenen über die Runden kommen ohne den einen letzten Funken, den nur rücksichtslose Leidenschaft, ungebrochener Wille und ein Quentchen Wahnsinn generieren?

Es gibt berühmte Fußballer, Nationalspieler, sogar Weltmeister, die vermutlich nicht mal einen unfallfreien Pass über zwanzig Meter spielen oder mit dem Leder fünfmal hintereinander jonglieren konnten. Die willensstärksten und verrücktesten unter ihnen waren smart genug, diese Defizite im »Kerngeschäft« zu einer ganz eigenen Kunstform zu überhöhen: Claudio Gentile zum Beispiel, einer der erfolgreichsten Verteidiger Italiens in den Siebzigerjahren, traktierte seine Kollegen mit Ellbogenchecks, er klammerte, kratzte und trat nach allem, was sich bewegte.

Entweder kam der Ball an ihm vorbei oder der Gegenspieler, aber nie beide auf einmal. Als Fußballer war Gentile eine Katastrophe, als Kampfmaschine ein Ereignis mit hohem Unterhaltungswert. Es dürfte einleuchten, dass Gentile bei seinen Gegenspielern nie so populär gewesen ist wie beim eigenen Publikum.

Was in solch einem minderbegabten, aber dennoch erfolgreichen Kicker vorgeht, hat der ebenfalls nur mäßig erfolgreiche Tennisprofi Brad Gilbert in seinem Buch *Winning Ugly* für die Nachwelt erhalten. Kernsatz: »Ich habe nur deshalb schmutzig gespielt, weil ich nicht gut genug war, sauber zu spielen.« Auf die Idee, sich einfach einen anderen Job zu suchen, sind weder Gilbert, Gentile noch Heribert Finken gekommen.

BÖSE, BÖSE

Heribert Finken beendete seine Fußballlaufbahn nicht etwa deshalb, weil ihm seine fehlende Kunstfertigkeit mit dem Ball zum Verhängnis wurde. Keineswegs. Finken wurde im Frühjahr 1966 beim Diebstahl eines Kamelhaarmantels erwischt und daraufhin von Tasmania Berlin fristlos entlassen. Irgendwie nicht ganz unpassend, oder?

DIE TOP DREI DER UNFAIRSTEN FUSSBALLER ALLER ZEITEN

PLATZ 1:
ANDONI GOIKOETXEA

Sein Spitzname lautet »Der Schlächter von Bilbao«. Derart betitelte Menschen kennt man aus Prozessen gegen Kriegsverbrecher oder aus Filmen wie *Das Schweigen der Lämmer*. Andoni Goikoetxea aber, geboren 1956, wurde als Fußballer bekannt, oder soll man sagen: berüchtigt? Nicht, dass er völlig untalentiert gewesen wäre im Umgang mit der Kugel, er brachte es sogar auf eine stattliche Zahl an Einsätzen in Spaniens Nationalmannschaft. Und doch hatte Andoni Goikoetxeas Spiel wenig Schönes. Spanien und dem Rest der Welt ist er deshalb nicht durch seine technischen Kabinettstückchen oder besonders attraktiven Tore in Erinnerung geblieben. Andoni Goikoetxea hat es geschafft, innerhalb von wenigen Wochen gleich zwei der besten Fußballer aus dem Spiel zu nehmen, die je beim FC Barcelona unter Vertrag standen. Erst knüppelte er Diego Maradona von hinten nieder, danach erwischte es Bernd Schuster. Beide mussten mit Beinbrüchen beziehungsweise einem Totalausfall des Knies aus dem Stadion getragen werden. Und beide Male sah es so aus, als ob der Schlächter von Bilbao ganz genau wusste, was er tat. Der Verdacht der absichtlichen Körperverletzung wurde niemals ausgeräumt. Die *Times* setzte ihn 2007 in der Rangliste der härtesten Spieler aller Zeiten auf Platz eins. Heute ist Andoni Goikoetxea Fußballtrainer.

PLATZ 2:
VINNIE JONES

Männer mit seinem Blick haben normalerweise einen Waffenschein und beherrschen eine asiatische Kampfsportart. Sie sind groß, geräumig und brutal, und sie haben gut damit zu tun, unerwünschte Personen abzuwimmeln, in welcher Situation auch immer.

Im Grunde also hätte Vinnie Jones, dem walisischen Fußballnationalspieler, eine Karriere im Türsteher- und Rausschmeißer-Milieu gut zu Gesicht gestanden. Er entschied sich zwar für einen anderen Job, interpretierte diesen allerdings ganz ähnlich: Jones wurde damals zum brutalsten Fußballspieler Englands. Sein Spitzname lautete: »The Axe«. In seiner aktiven Laufbahn stellte man ihn 13 Mal (!) vom Platz – und alle Entscheidungen waren korrekt. Auch die schnellste gelbe Karte der Premier League verbucht Jones auf seinem Konto – drei Sekunden benötigte er dafür.

Anders als viele seiner Kollegen schämte sich Jones nie für seine rüde Spielweise, sondern zelebrierte sie genüsslich. Es gibt ein berühmtes Foto von ihm, auf dem er dem Kollegen Paul Gascoigne saftig in den Unterleib greift. Er selbst brachte ein Video auf den Markt, in dem er die deftigsten Fouls der Premier League launig kommentiert – die meisten davon hatte er schließlich selbst begangen. Das kostete ihn 20.000 Pfund Strafe, zementierte aber seinen legendären Ruf als Kult-Treter. Jones inszenierte sich als *Tough Guy*, als kalkulierter Rüpel, der gar nicht erst vorgab, die Gesetze des Fair Play zu beachten. Er spielte Fußball, so wie Quentin Tarantino Thriller dreht: am Rand des Comics, ohne Rücksicht auf Political Correctness, aber mit großem Unterhaltungswillen. Nur logisch also, dass »die Axt« 1999 seine Karriere beendete, um seine zu diesem Zeitpunkt bereits begonnene Schauspieler-Karriere weiter voranzutreiben. Er hat auch das geschafft: Inzwischen ist er als Bösewicht in Filmen wie *Snatch* im europäischen Kino fest etabliert.

PLATZ 3:
FILIPPO INZAGHI

Es gibt die Netzer-Frisur. Den Ronaldinho-Trick. Oder ein typisches Müller-Tor. Doch im weltweiten Fußballkosmos kursiert auch ein Begriff, der seinem Begründer deutlich weniger Freude machen dürfte: die Inzaghi-Schwalbe. Überall dort, wo ein Spieler auf die denkbar plumpste Art und Weise in den Strafraum stolpert, um dem Schiedsrichter zu suggerieren: »Hey, Schwarzer, pfeif mal Elfer!«, hat Filippo, kurz »Pippo«, Inzaghi Pate gestanden – beziehungsweise eben nicht, er hat sich einfach *fallen* lassen, in betrügerischer Absicht.

Inzaghi ist ein schneller Stürmer, gilt als torgefährlich, hat »einen Riecher«, spielte schon für Juventus Turin, AC Mailand, die italienische Nationalmannschaft. Und trotzdem ist der Mann außerhalb der Region, in der er gerade seine Künste versilbert, eine unbeliebte, ja verhasste Person. Warum? Nun, er hat alles, was einen Schurken, einen Gauner, einen fiesen Finger auszeichnet. Natürlich ist er nicht der einzige Stürmer auf der ganzen Welt, der unsauber spielt und versucht, sich durch die Simulation eines an ihm begangenen Fouls einen Vorteil zu verschaffen. Aber niemand außer ihm versucht das auf eine so dramatische, weinerliche und verachtenswert systematische Art und Weise. Inzaghi *performt* Fußball wie ein schlechter Schauspieler die Rolle des klagenden Opfers. Sein »Spiel« hat mit Fußball wenig, mit großer Oper hingegen eine ganze Menge zu tun: Inzaghis Unterlippe zittert in Permanenz, er protestiert nach jedem Angriff. Mit steinerweichenden Gesten und Blicken ins Firmament klagt er das Ungemach an, das ihm gerade widerfährt, sein Gesicht zieht sich zur knitterigen Splitting-Image-Fratze zusammen. Selbst wenn Inzaghi ein Tor gelingt, drückt sein Jubel keine Freude, keine selbstvergessene Befriedigung, geschweige denn reines Glück aus. Nein, Inzaghis Posen sind nacktes Triumphgeheul, mit fletschenden Zähnen und flackerndem Blick schreit er seine Genugtuung in die Welt hinaus. Inzaghi bedankt sich auch nicht bei seinen Mitspielern für deren Vorarbeit – nie. Er ist auf dem Fußballfeld reinster Egoismus in seiner unschönsten Erscheinung. Es muss eine Freude sein, ihn zu besiegen.

HAARE

MIT KAHLER WÜRDE

Es gibt Männer, die haben einfach nur Haare. Andere schrauben mit viel Aufwand an einer Frisur herum. Und dann gibt es da noch die Männer mit einem Problem — aber das ist nur für Feiglinge eine schlechte Nachricht.

»*Der beste Schutz gegen Haarausfall ist eine Glatze.*«
TELLY SAVALAS

DIE ANGST VOR DER GLATZE treibt Männer zu tragikomischen Dingen. Einige von ihnen schmieren sich teure Tinkturen über den Kopf oder baden in Kaffee, weil Koffein angeblich den Haarwuchs fördert. Andere lassen sich lange Strähnen wachsen und führen armselige Haarinseln von links nach rechts quer über den Schädel, so als könne man mit dieser lichten Resterampe die Wahrheit vertuschen. Wieder andere nehmen eine Menge Geld in die Hand, um sich Eigenhaar – vom Rücken beispielsweise oder vom Hinterkopf – auf den Kopf pflanzen zu lassen. Der Letzte, von dem man hörte, dass er diese ästhetische Scheußlichkeit beging, war ein Fußballer von Manchester United, der bekennende Puffgänger Wayne Rooney. (Worin der Zusammenhang zwischen Testosteron-Überschuss und einer Glatze besteht, soll etwas später erörtert werden.)

Ich möchte Sie bitten, sich ein Foto von Wayne Rooney anzusehen und dann selbst zu entscheiden: Hat diese Haartransplantation dem englischen Fußballer geholfen, tatsächlich *besser* auszusehen? Ich würde sagen: keineswegs. Er sieht immer noch aus wie eine schlecht gelaunte Bulldogge. Ob die nun Haare auf dem Kopf hat oder eine Lage Stacheldraht, fällt da wirklich kaum ins Gewicht.

Schließlich gibt es auch noch Menschen wie den ehemaligen Modeschöpfer und Hündchenhalter Rudolf Mooshammer oder den amerikanischen Ego-Unternehmer Donald Trump, die angesichts ihrer Schädeldürre gleich zu einem ausladenden Toupet griffen. Dass so ein Dez-Teppich im Volksmund auch »Fiffi« genannt wird, kommt nicht von ungefähr: Früher hieß man einen weniger feinen, verfilzten Hund einen räudigen Mottenfiffi, auch Pelzmützen wurden später so betitelt. Und da sich zwischen einer Pelzmütze und einem billigen Toupet rein optisch nur wenige Unterschiede ausmachen lassen, wurden die Haarmützen eben irgendwann als Fiffis verschmäht. Fakt ist: So ein Toupet ist meistens eine eher lächerliche Angelegenheit. Abgesehen davon, dass es in der Regel einfach albern und künstlich *aussieht*, hat schon die bloße Existenz einen bemitleidenswerten Beigeschmack: Erst ihre Gegenwart weist so richtig auf den einen Mangel hin, den der Toupetträger doch tunlichst zu verschleiern suchte. Wenn das mal nicht paradox ist.

Dabei muss doch gar nicht jeder Mann zur Zielscheibe des allgemeinen Spotts werden. Die meisten Männer können sich glücklicherweise schon als grüne Jungs auf die später notwendige Entscheidung vorbereiten, mit welcher Strategie sie ihrem Haarausfall begegnen. Er kommt ja nicht von einem Tag auf den anderen, wie aus dem Nichts. Jeder dritte Mann über dreißig und jeder zweite über fünfzig leidet unter erblich bedingtem Haarausfall – man kann also schon früh feststellen, ob die eigene (männliche) Sippschaft mit schütterem Haar oder gar totalem Kahlschlag gesegnet ist. Falls dem so ist, besteht doch ein gewisses Risiko, dass auch der eigene Schopf sich frühzeitig vom Haar befreit.

Ausgerechnet das geliebte Männerhormon Testosteron – es steigert die Libido und fördert die Eiweißbildung und den Muskelaufbau – ist dafür verantwortlich, wie schnell der erblich bedingte Haarausfall voranschreitet. Je mehr Testosteron, desto schneller der Haarausfall. Der Grund: Wie alle Hormone wird auch Testosteron durch Enzyme ab- und umgebaut. Dabei entsteht unter anderem das Hormon Dihydrotestosteron (DHT). Und es ist genau dieses niederträchtige Abbauprodukt, das die Haarwurzeln angreift und somit zum Ausfall der Kopfhaare führt – vereinfacht ausgedrückt.

Telly Savalas war der erste coole Mann mit einer Vollglatze, an den ich mich erinnern kann: Als Lolli lutschender Kojak bei seinem *Einsatz in Manhattan* wirkte er keinen Moment lang komisch oder gar tragisch, sondern stets respektabel und sehr, sehr männlich – im Gegensatz zu den Witzbolden aus Zirkus und Blödelkomödie, die eine Glatze als verstärkenden Ausdruck ihrer lächerlichen Existenz missverstanden. Telly Savalas hat es meines Erachtens als Erster verstanden, einen Kahlschlag auf dem Kopf mit Würde zu tragen: »Der beste Schutz gegen Haarausfall ist eine Glatze«, hat der New Yorker Schauspieler einmal gesagt. Heute mag einem das als recht banale Weisheit erscheinen, doch dabei täte man Savalas Unrecht: In seiner Zeit war es durchaus noch üblich, beginnenden Haarausfall mit allen Mitteln zu bekämpfen oder, wenn das nicht mehr half, ihn ebenso verzweifelt zu verschleiern, mit Mützen, Querkämmerei oder einem Toupet, siehe oben. Von Sean Connery beispielsweise wurde erwartet, dass er in seinen James-Bond-Filmen ein Toupet trug, schließlich konnte einem kernigen FBI-Agenten kein Haarausfall zugemutet werden. Wie sollte das denn auch mit seinem Image als Womanizer korrespondieren? Connery hat das Toupet laut eigenen Angaben immer gehasst und sich in aller Öffentlichkeit darüber lustig gemacht. Er habe sich frühzeitig in »Haardingen« emanzipiert, schrieb die Süddeutsche einmal huldigend, und da möchte ich mich anschließen. Auch Connery wusste: Es gibt einfach keine coolen Männer mit Toupet. Außer Andy Warhol. Aber das war schließlich Andy Warhol.

Ich möchte den Haarausfälligen dieser Welt zurufen: Steht zu euerm genetischen Defekt! Nur das zeigt wahre

Größe! Wie auch der Kölner Kunstsammler Christian Boros von seinem Professor Bazon Brock lernte: »Mach das Scheitern zur Form des Gelingens!« Boros trägt seine Billardkugel wie andere Menschen eine Trophäe: »Ich sehe meinen Kopf als Skulptur.« Damit steht Boros nicht alleine da: Sehen Sie sich Bruce Willis, Vin Diesel oder Homer Simpson an, und auch Michael Stipe oder Heiner Lauterbach wären geeignete Referenzen. Will angesichts dieser Prototypen tatsächlich irgendjemand behaupten, dass das keine echten Männer sind? Noch einmal Christian Boros: »Männer, die sich für eine Glatze entscheiden, sind konsequent. Die sind radikal. Die haben Mut zur Entscheidung.« Eine Entscheidung, zu der die Natur einen gewissen Beitrag, sagen wir eine Vorlage, geleistet hat, das ist richtig. Aber nur Sie selbst bestimmen, was Sie aus dieser Vorlage machen. Denken Sie daran: Es ist *Ihre* Würde.

WIE ENTSTEHT HAARAUSFALL?

Ursache für den erblich bedingten (und am häufigsten vorkommenden) Haarausfall (genannt *alopecia androgenetica*) ist eine Überempfindlichkeit der Haarfollikel gegen das Steroidhormon Dihydrotestosteron (DHT). Ist in der Kopfhaut viel DHT vorhanden und es besteht eine ererbte Überempfindlichkeit dafür, wird die Wachstumsphase des Haars verkürzt. Ein glatzköpfiger Mann hat dementsprechend nicht weniger Haarfollikel als ein Mann mit vollem Haarwuchs, lediglich die Wachstumsphase des Haares ist derart verkürzt, dass es – verglichen mit den Härchen auf der Stirn etwa – kaum noch sichtbar hervortritt. Die Haarfollikel verkümmern also nach und nach. Unempfindlich gegen DHT ist das Kopfhaar im Hinterkopf- und Nackenbereich – und erst dadurch wird die gute alte »Platte« bzw. die »verlängerte Stirn« ermöglicht.

HOTEL

DAS UNGEHEUER VON LOCH NESS
Sie reisen ständig, sind auf der ganzen Welt zu Hause, leben gern im Hotel? Dann muss ich Ihnen ja nicht erzählen, wie kompliziert das Leben in geborgten Räumen hin und wieder sein kann.

Kein Grund zum Verzagen. Es gibt Menschen wie Udo Lindenberg, die wollen nichts anderes, die haben ein Hotel zum Heim umdefiniert, die ziehen den Trubel und die gastliche Anonymität eines Hotelzimmer einer eigenen Wohnung vor. Dabei ist es eine Herausforderung, den Charme eines guten Hotels zu entdecken.

Die erste Regel als Bewohner lautet: Verhalten Sie sich wie ein feiner Mensch, höflich, zurückhaltend und tolerant – aber auch bestimmt und selbstbewusst. Sie haben schließlich gewisse Rechte, auch wenn Sie nicht Udo Lindenberg oder Generaldirektor Haffenloher heißen und nur einen Abend dort absteigen. Ich warne Sie: Es ist nicht immer unproblematisch, diese Rechte wirklich einzufordern. Vor allem wenn Ihre Höflichkeit einer unbehaglich-servilen Note Unterschlupf gewährt. Sprich wenn Sie konfliktscheu sind.

In diesem Fall kennen Sie das in folgender Situation aufkommende Gefühl vermutlich: Ein aufmerksamer junger Mann mit schmuckem Hotelkäppi schleppt Ihr schweres Gepäck auf Ihr Hotelzimmer. Er zeigt Ihnen das Bad und den Schlitz für die Schlüsselkarte, auf dem Bildschirm des bereits laufenden Fernsehers heißt man Sie womöglich schon persönlich ganz herzlich willkommen, und selbst das Fläschchen Sekt wartet bereits auf Sie. Der Hotelpage, nun um fünf Euro reicher, verlässt freundlich grüßend den Raum. Sie legen sich aufs Bett, müde von der strapaziösen Reise. Sie atmen tief ein und aus. Alles könnte so schön sein. Und dann plötzlich hören Sie es: Im Stockwerk unter Ihnen wird offenbar gerade eine Mauer eingerissen. Oder auch nur ein Rammstein-Konzert in voller Länge abgespielt. Sie spüren schon nach zehn Sekunden, dass dieser Lärm nicht aufhören wird, die ganze Nacht nicht. Sie wissen es einfach.

Genau in solch einer Situation stellt sich gerne dieses gewisse Gefühl ein, das ich eine tiefe, hoffnungslose Resignation nennen möchte. Vielleicht wissen Sie schon aus dem langen Zusammenleben mit Ihren Defiziten, dass Sie an so einem Abend nicht mehr die Kraft aufbringen werden, Ihre Siebensachen zu packen, an die Rezeption zu eilen und energisch nach einem ruhigeren Zimmer zu verlangen. Nein, Sie gehören zu den Menschen, denen jede Form der Beschwerde körperlich unangenehm ist. Selbst wenn Sie allen Grund haben, sich etwa über unangenehmen Lärm auf dem Flur, ungeputzte Bäder oder eine muntere Population von Krabbeltieren in Ihrem Bett zu echauffieren, nehmen Sie alles viel zu oft einfach klaglos hin.

Meine Herren, das ist grundfalsch. Neulich passierte mir etwas ähnlich Ungemütliches in New York, im Paramount Hotel. Das ist ein Laden, der seine Pagen in schwarze Yamamoto-Anzüge steckt und einem Normalsterblichen in der Hotellobby suggeriert, hier wäre er endlich in Hollywood angekommen. Dieser Eindruck setzt sich im Hotelzimmer leider nicht fort, obwohl selbst die einfachste Zimmer-Ausführung pro Nacht mehr kostet als beispielsweise eine vierzehntägige Reise nach Mallorca. Es ist klein wie eine Besenkammer. Stellen Sie sich ein Queen-Size-Bett vor und die Möglichkeit, einen Koffer davor abzustellen – *that's it*. Dass das von Philippe Starck designte Hotel auch noch darauf verzichtet, im Minibad Seife und Shampoo bereitzustellen, erschien mir dann doch etwas unverschämt. Ich besorgte mir im Drugstore an der Straße die fehlenden Utensilien und fühlte mich vier Tage lang übervorteilt.

»Blöder geht's nicht«, urteilte ein reiseerfahrener Kollege: »Mit einem lautstarken Auftritt an der Rezeption hättest du denen nicht nur eine Wagenladung Head & Shoulders, sondern auch die Präsidentensuite aus den Rippen geleiert!« Es folgte eine halbstündige Aufzählung all der Orte, an denen der Kollege bereits große Theatererfolge in Hotellobbys feiern durfte. Von kostenlosen Upgrades war die Rede, Präsentkörben und »So-klein-mit-Hut«-Managern, und ich fühlte mich schlechter mit jeder Suite, die man ihm ohne Aufpreis zur Verfügung gestellt hatte. Stimmte der Vorwurf meines Kollegen, war ich ein Trottel, ist es derart einfach, im Hotel »upgegraded« zu werden?

Es scheint so. Im Internet findet man ganze Foren, die sich mit diesem Thema auseinandersetzen: »Effektives Beschweren« scheint für eine bestimmte Sorte Mensch geradezu ein sportives Vergnügen zu sein. Und unter der Überschrift *How to get a Hotel Room Upgrade* werden Hunderte, auf den ersten Blick recht valide wirkende Tipps aufgeführt, wie man Hotelleistungen offeriert bekommt, für die man nicht bezahlt hat. Ich muss Sie allerdings warnen: Die Lieblingsvariante des gemeinen Maulers gehört nicht zu den Empfehlungen – Personal anblaffen führt keineswegs zum gewünschten Ergebnis.

Das wird Ihnen auf Nachfrage auch gern im Hotel Adlon in Berlin bestätigt, ein Ort, der für seine seriöse Noblesse berühmt ist. Eine sachlich und ruhig vorgetragene Beschwerde überzeuge in der Regel mehr als emotionale Ausbrüche und führe vor allem schneller zu einer zufriedenstellenden Lösung. Das leuchtet ein und klingt vernünftig.

Überhaupt Upgrades: Viele Hotel streiten ab, dass sie eine spezielle *Upgrade Policy* verfolgen. Irgendwie verhält es sich damit wie mit dem Ungeheuer von Loch Ness – immer gibt es ein paar Leute, die behaupten, dass es existiert, aber gesehen haben es die wenigsten. Ein Hamburger Hotelier stellt fest, dass einige Gäste es geradezu darauf anlegen. Bringt aber ohne nachvollziehbaren Grund wenig, denn: »Wenn sich, was selten passiert, tatsächlich einmal ein Fehler einschleicht und am Zimmer irgendetwas auszusetzen ist, dann gehen wir natürlich auf den Gast zu und bieten ihm an, ein größeres Zimmer oder eine Suite zu beziehen.« Ein solcher Vorschlag gehe in der Regel eben von den Hoteliers aus und nicht vom Kunden.

Das hieße also, dass die ganzen Tipps und Tricks, die im Internet und in Hotelführern kursieren, nichts als Schall und Rauch sind? Schwer zu sagen. Tagesformabhängig. Und davon, wie man als Gast auftritt.

Viele Hoteliers sind flexibel und wollen das Ziel, ihren Gast glücklich zu machen, nicht aus den Augen verlieren. »Wir nehmen Beschwerden jeglicher Art ernst«, heißt es deshalb im Adlon. Insofern könne es durchaus vorkommen, dass Gäste so lange umziehen, bis das richtige Zimmer gefunden ist, wenn sie es denn so wünschen. Sollte das perfekte Zimmer in der gebuchten Kategorie allerdings nicht zu finden sein, bleibt tatsächlich nur die Möglichkeit, in die nächsthöhere Klasse zu wechseln – gegen Aufpreis versteht sich. Das ist natürlich in der Regel nicht das, was ein notorischer Nörgler an der Hotelrezeption im Sinn hat. Zwar will auch das Adlon nicht kategorisch ausschließen, dass eine Hochstufung möglich ist, denkt dabei aber eher an echte Stammgäste und Liebhaber des Hauses, zum Beispiel den Geschäftsführer, der mit seinen 200 Mitarbeitern den Jahresabschluss im Hotel feiert, oder das Ehepaar, das zum hundertsten Mal eincheckt.

So ist das also. Im Paramount war ich zum dritten

Mal – und ich glaube nicht, dass ich ausgerechnet dort die Hundert vollmache. Mit den Beschwerden werde ich es wohl in Zukunft genauso halten wie bisher – darauf verzichten. Meine Chancen auf eine Suite zum Low-Budget-Tarif mindert das nämlich nicht, wie ich Punkt acht einer *How-to-get-a-hotel-upgrade*-Liste im Internet entnehmen darf. Dort steht geschrieben: »Vertrauen Sie auf Ihr Glück. Irgendwann einmal sind Sie im richtigen Moment am richtigen Ort. Budget-Tarife sind manchmal überbucht, und der glückliche Gast, der in diesem Moment am Counter auftaucht, könnten Sie sein.«

**ZEHN WEGE, IM HOTEL
EIN UPGRADE ZU BEKOMMEN
(MÖGLICHERWEISE ...)**

1. Buchen Sie nicht im Voraus und checken Sie spät ein – es könnte passieren, dass »leider« nur noch eine Suite frei ist.

2. Buchen Sie generell nicht die niedrigste Zimmerkategorie. In Hotels werden solche Kunden gerne belohnt, die nicht ganz so knickrig erscheinen.

3. Behaupten Sie, Ihre Reise sei Ihre offizielle Hochzeitsreise, dann springt garantiert ein schönes Zimmer für Sie heraus. Denken Sie aber daran, a.)

Ihre Frau dabeizuhaben und b.) nicht jedes Jahr im gleichen Hotel abzusteigen.

4. Versuchen Sie bei der Buchung, einen freundlichen und unkomplizierten Eindruck zu hinterlassen. Eine Menge Extrawünsche, und schon werden Sie vom Hotelpersonal als »schwierig« eingestuft – und selten mit einem freiwilligen Upgrade belohnt.

5. Reisen Sie in der Nebensaison. In der Hauptreisezeit fehlt den Hotels oft die nötige Flexibilität, um selbst gute Kunden mit einer schöneren Suite zu erfreuen.

6. Flirten Sie an der Hotelrezeption. Manchmal hilft das. Allerdings gibt es dabei gewisse Grauzonen. Baggern und Anmachen hat nichts mit einem subtilen Flirt zu tun. Wenn Sie den Unterschied nicht kennen, versuchen Sie es besser gar nicht erst ...

7. Fragen Sie einfach mal freundlich nach. Was haben Sie zu verlieren? Wenn Sie sich danach erkundigen wieviel so ein Upgrade kosten würde, helfen Sie aufmerksamem Personal sogar manchmal auf die Sprünge ...

8. Auch wenn Sie sich dabei ein wenig schämen: Weisen Sie ruhig darauf hin, dass Sie das Hotel mal ausprobieren wollen, weil gerade eine Hochzeit, ein Betriebsfest oder ein Kongress geplant wird – und zwar von Ihnen. Geschäftstüchtige Hotels werden die Botschaft verstehen.

9. Ein schlichter, aber effektiver Rat: Werden Sie Stammgast, buchen Sie in einer Stadt immer das gleiche Hotel. Und sorgen Sie dafür, dass man Sie wiedererkennt. In dieser Hinsicht helfen gute Trinkgelder natürlich eher als leergeräumte Minibars.

10. Wenn Sie einen vernünftigen Grund haben, dürfen Sie sich ruhig höflich und freundlich an der Rezeption beschweren. Es mag vorkommen, dass Ihnen die Hotelleitung als Kompensation für Ihren Ärger gerne ein besseres Zimmer zur Verfügung stellt!

KÜCHE

FÜNF FREUNDE UND DAS GEHEIMNIS DES GUTEN GERICHTS

Kochen? Sie doch nicht. Winken Sie jetzt nur nicht gleich ab, von wegen: »Essen kann ja jeder«. Nein, moderne Männer sollten sich in der Küche auskennen — und wenn es nur für einen kleinen Balz-Zauber gut ist.

»Kochen ist eine Kunst geworden, eine hohe Wissenschaft. Köche sind Gentlemen.«

ROBERT BURTON

SIE HABEN KEINE LUST, einen Kochkurs in der Volkshochschule Ihrer Heimatstadt zu absolvieren, würden aber trotzdem gerne wissen, was außer Rührei und Tütensuppe auf Ihrem Herd sonst noch möglich ist? Ich empfehle Ihnen hiermit wärmstens einige Köche und Köchinnen, die auf zeitgemäße (und verständliche) Weise Licht in Ihr Küchendunkel bringen werden.

JAMIE OLIVER

Der Popstar unter den europäischen Köchen. Auch als »The Naked Chief« bekannt, was sich nicht auf seine Kleiderordnung, sondern auf die Wahl seiner Zutaten bezieht: Wenige. Einfache. Pure. Tourt als Frisch-Fritze durch die ganze Welt, eine Art kochender Weltverbesserer und Sozialarbeiter.

 Motto: Feed me better.

 Buchtipp für Einsteiger: *Jamies 30 Minuten Menüs. Genial geplant – blitzschnell gekocht*

TIM MÄLZER

Der Buletten-Bob der deutschen Spitzenküche, nicht ohne Grund heißt sein Laden in der Hamburger Schanze Bullerei. Mälzer behauptet, dass man auch mit Resten ein prima Essen zaubern kann, und ist einer Frikadelle genauso wenig abgeneigt wie einer Curry mit Pommes. So sieht er allerdings auch aus.

 Motto: Keep it simple.

 Buchtipp für Einsteiger: *Schmeckt nicht, gibt's nicht*

DONNA HAY

Australische Küchen-Allrounderin, die für gescheiten Geschäftssinn mit TV-Kochshow, Bestseller-Büchern, eigener Kochzeitschrift und einem eigenen Laden in Sydney steht.

Wie titelte die *Welt* so schön? »Donna Hay kocht für Leute, die ihre Küche hassen.« Na bitte.

MOTTO: Kochen ist Handwerk, nicht mehr.

BUCHTIPP FÜR EINSTEIGER: *Schnell. Frisch. Einfach. 160 Rezepte, frische Aromen und fertige Gerichte für jeden Tag*

NIGELLA LAWSON

Englische TV-Köchin, die ehemals als Journalistin arbeitete, bevor sie ihr erstes Kochbuch veröffentlichte. Amüsanterweise ist sie Miterbin von Dunkin Donuts, was ihrem Gespür für gutes und gesundes Essen offenbar aber keinen Abbruch getan hat.

MOTTO: Die Küche ist das Herz jedes Hauses.

BUCHTIPP FÜR EINSTEIGER: *Verführung zum Kochen*

RENÉ REDZEPI

Nie gehört? Das wird sich ändern: Gerade erst ist der Däne zum besten Koch der Welt gekürt worden, jedenfalls irgendwie: Sein Restaurant noma in Kopenhagen wurde zum zweiten Mal in Folge mit dem »Oscar« der Gastronomie bedacht, als San Pellegrinos World's 50 Best Restaurants 2011«. Der Grund: die entglobalisierte Küche. Regionale Produkte, klarste Zutaten. Sogar auf Olivenöl wird verzichtet.

MOTTO: Regionaler als regional.

BUCHTIPP FÜR EINSTEIGER: *NOMA – Zeit und Ort in der nordischen Küche*

**MIT DIESEN NAHRUNGSMITTELN
KRIEGEN SIE ANGEBLICH
JEDE FRAU RUM**

Folgenden Zutaten wird aphrodisierende Wirkung zugesprochen: Trüffeln, Schokolade, Eiern, Kaviar, Austern, Lachs, Aal und anderen Fischen, Froschkeulen, Schildkrötenfleisch, Wildbret. Auch Erdbeeren sind Lusterzeuger, denn der hohe Gehalt an Zink beschleunigt die Produktion des Testosterons im Körper und macht daher schneller Lust auf Sex. Granatäpfel sind von jeher ein Sinnbild der Lust und Verführung und verfügen deshalb ebenfalls über ein gewisses Potenzial.

FITNESS

DIE STOCKSTOLPERER

Sport ist gesund und Sport ist männlich – in dieser Hinsicht sind wir uns einig. Aber es gibt Sportarten, die sind nix für Männer. Die sind noch nicht mal richtiger Sport. Golf, Synchronschwimmen oder Federball zum Beispiel. Und natürlich Nordic Walking.

Nehmen Sie einfach einmal an, Sie seien Sebastian Vettel. Sie wissen ja, was der Mann beruflich macht. Stellen Sie sich also vor, Sie würden sich umziehen, am Tag des Formel-1-Rennens. Erst die atmungsaktive Unterwäsche, dann den Ganzkörperoverall aus feuerfestem Material, den sündhaft teuren, im Windkanal durchgecheckten Helm, elektronisch ausgemessene Handschuhe und natürlich die Schuhe – vermutlich Maßarbeit aus italienischen

Leichtledermanufakturen. Und dann, wenn Sie rundherum ausgestattet sind für die Extrembelastungen eines Formel-1-Rennens, rollen ein paar Mechaniker Ihr Geschoss auf die Bahn: Es handelt sich um ein Kettcar! Mal ehrlich: Würden Sie sich da nicht ziemlich albern vorkommen?

Warum ich Ihnen das erzähle? Weil es Millionen Menschen in Deutschland gibt, die sich an einem Kostümball ähnlich alberner Ausprägung beteiligen. Millionen von Männern und Frauen, die sich gut dabei fühlen, wenn Sie beim Spaziergang im Wald oder auf der Landstraße ein paar Hightech-Stöcke schwingen und das dann »Nordic Walking« nennen.

Die Finnen haben es erfunden, und das kann man ihnen nicht einmal übel nehmen: Anfangs waren es nur eine Handvoll professioneller Skiläufer, die auch im Sommer nicht von ihrem Sport lassen wollten und sich mit Stöcken, aber ohne Skier über Bergpässe und Talstraßen quälten. Erst 1997 entschlossen sich einige Vertreter der finnischen Sportartikelindustrie, dieses spezielle Sommertraining handverlesener Profis auch als Breitensport zu lancieren. Sie haben einen guten Job gemacht, das muss man ihnen lassen. Augenzeugenberichte von Finnland-Urlaubern erledigten den Rest – seit ein paar Jahren brechen Nordic Walker auch hierzulande aus den Unterhölzern wie eine Rotte Wildschweine, bevölkern Wanderwege und Fitness-Parcours, stolpern über Landstraßen und romantische Alleen. Meine Herren, lassen Sie es sich gesagt sein: Das ist keine gute Idee! Sie sehen scheiße dabei aus. Und Sinn macht das Ganze doch auch nicht.

Selbst der *Spiegel* titelte: »Klapp Klapp Klapp – die

Terroristen mit Stock sind da«. Und mit ihnen eine Zielgruppe, die von der Sportartikelbranche längst aufgegeben worden war. Eine effektive Allianz aus Sportmedizinern und den Goldgräbern der Sportartikelindustrie suggerierten allen, die sich bisher von den Salbungen der Fitnessgesellschaft ausgeschlossen fühlten: »Hey, auch wenn ihr adipös und eigentlich viel zu bequem seid – hier habt ihr was, bei dem ihr auch mitmachen könnt, ohne euch anstrengen zu müssen!«

Heerscharen von moppeligen Männern und munteren Hausfrauen stöckeln nun in Viererreihen über Joggingstrecken, die darauf nicht vorbereitet sind. Sie sehen aus wie gedopt: überdimensionierte Brillen in allen Tönen, dazu von der Radlerhose bis zur atmungsaktiven Cargo Pants jede sportmodische Sünde, die in Knallfarben zu haben ist. In absurdem Widerspruch zu diesem juvenilen Outfit, dass sich selbst schwer erziehbare Skater zweimal überlegen würden, steht der sportliche Allgemeineindruck, den der Nordic Walker hinterlässt: Von einem ansprechenden Tempo kann in den wenigsten Fällen die Rede sein. Selbst angetrunkene Vatertagsausflügler wirken mit voll beladenen Bollerwägen dynamischer. Und dann diese Lautstärke. Nicht nur das enervierende Klappern der Hochleistungsstöcke nervt. Der Nordic Walker neigt zur Rudelbildung, und weil er auch während der Ausübung seiner neuen Lieblingsdisziplin noch Reserven frei hat, plappert er mit seiner Einheit vom ersten Schritt an um die Wette. Konventionelle Jogger verspotten den gemeinen Nordic Walker deshalb auch gern als »Modern Talker«. Doch meistens vergeht ihnen selbst dieser kleine Spaß, schließlich ist es nicht lustig, ständig Kampfsportgruppen auszuweichen, die mit ihren Stöckchen nach allem picken, was hinter, neben und vor ihnen kreucht. Ich zitiere den Kollegen und Jogger Achim Achilles, der sich auf *Spiegel online* bitterlich beschwerte: »Sie werden immer bedrohlicher, ich verachte sie zutiefst: Nordic Walker. Wenn sie zu dritt nebeneinander auf dem Waldweg ihre albernen Aluminiumrohre finnischer Herkunft hinter sich herziehen, muss ich beim Überholen aufpassen, dass ich nicht über einen ihrer Prügel stolpere und mir alle Knochen breche.« Kollege Achilles mag ein intoleranter Mensch sein, meine Sympathien hat er. Schließlich gehört Zivilcourage dazu, sich über einen »Sport« lustig zu machen, der angeblich so gesund ist. Es heißt ja gern, dass neunzig Prozent der gesamten Körpermuskulatur beim Nordic Walking beansprucht und die Gelenke geschont werden, auch der Fettabbau funktioniere effektiver als beim konventionellen Joggen. Und das wiederum steigere die Lebensqualität des sportiven Stöcklers, logisch. Das mag stimmen, doch wenn ich die Stockstolperer auf Feld und Wiese beobachte, sieht das nicht mal im Ansatz nach Tempo und fachgerechter Ausübung einer anspruchsvollen Sportart aus. Es handelt sich in der Regel um ein gemeinsames Schlendern, bei dem aus unerfindlichen Gründen Skistöcke mitgeführt werden. Fehlt nur noch, dass die teuren Dinger geschultert werden, weil's so bequemer ist.

Natürlich steigern die Nordic Walker tatsächlich die Lebensqualität, irgendwie. Aber nicht ihre eigene, sondern die der Sportartikelindustrie. Dazu reicht ein Blick in die zahlreichen Special-Interest-Magazine, die es inzwischen an den Kiosk geschafft haben: Auf zahlreichen Doppelseiten wird dem Fitnessfreund erklärt, wie er sich vom popeligen Spaziergänger in einen professionellen Nordic Walker verwandelt. Er benötigt dafür ungefähr 500 Euro und die Bereitschaft, sich zum Beispiel mit dem Unterschied zwischen einem Aluminium-Stock und einem aus Carbon-Glasfaser-Gemisch zu beschäftigen. Oder mit der Notwendigkeit eines ergonomisch geformten Griffs aus Kork. Auch die Stockspitze ist von Bedeutung – Asphaltpads aus Gummi hätte man da im Angebot. Und was den Turnschuh anbelangt – ein normaler Joggingschuh ist selbstverständlich nicht in der Lage, den extremen Anforderungen von Nordic Walking gerecht zu werden.

So eine Ausrüstungsliste kann also ganz schön lang sein. Hat man sich schließlich mit all dem Krempel eingedeckt, der auf dem Markt zu haben ist, wird man in den Nordic-Walking-Magazinen auch noch weltanschaulich unterfüttert. Unter der Überschrift »Die ganze Wahrheit« wird etwa in einer Postille mit den »populärsten Irrtümern« zu Nordic Walking aufgeräumt, unter anderem stand dort zu lesen: »Nein, Nordic Walking ist nicht peinlich! Weltklasseläufer tun es, Promis tun es und Sie tun es auch!« Das ist natürlich eine überzeugende Argumentation. Ich schätze allerdings, dass Sie in zehn Jahren ein wenig anders darüber denken, wenn Sie sich in Ihrer Nordic-Walking-Ausrüstung in einem vergilbten Fotoalbum wiederentdecken. Darum glauben Sie mir einfach, bevor Sie es sind, der in einigen Jahren vor Scham im Erdboden versinken möchte: Lassen Sie die anderen Nordic Walking machen. Treiben Sie stattdessen Sport!

OLDTIMER

PLÄDOYER FÜR EINEN HAUSFRAUEN-PORSCHE
Sie wollten schon immer einen Oldtimer fahren, vielleicht sogar ein Cabriolet, aber Sie haben sich nicht getraut. Sie sind schließlich kein Aufschneider. In diesem Fall hätte ich da was für Sie.

MÖGLICHERWEISE HAT ES sich schon herumgesprochen: Es ist nicht immer eine gute Entscheidung für Männer von Format, in ihrer Lebensmitte den guten alten Opel Vectra oder den lang bewährten Audi A 4 gegen einen juvenilen PS-Protz auszutauschen. Ich erinnere diesbezüglich gerne an den legendären Dialog aus *Lost in Translation*, in dem ein langsam verblühender Bill Murray der formidablen Scarlett Johansson eine ausgewachsene Midlife Crisis präsentiert, was sie lakonisch mit: »Und, schon einen Porsche gekauft?« kommentiert. Er stutzt, schüttelt den Kopf und sagt: »Aber ich habe dran gedacht ...«

Ja, das kennen wir. Sie haben doch sicher auch schon dran gedacht, stimmt's? Beinahe *jeder* Mann hat schon einmal davon geträumt, einen Porsche, einen Ferrari oder einen Lamborghini zu fahren. Oder gleich eine Corvette, was allerdings auch falsch verstanden werden könnte ... Im Prinzip ist nichts gegen solch ein Hobby einzuwenden. Wer sagt denn, dass *men's toys* immer Sinn machen müssen? Sehr viel charmanter wäre es allerdings, keines dieser protzigen *neuen* Geschosse zu erwerben, die in der Mehrzahl dem Begriff »Phallussymbol« eine ganz neue Dimension eröffnen. Ist schon ein wenig peinlich, oder? Wie viel lässiger wäre es, auf Tempo und Stromlinie zu verzichten und sich einen unpraktischen Oldtimer zuzulegen.

Kurze Denkpause ...

Ich weiß, das hat Nachteile. Fahrkomfort, Geschwindigkeit, Zuverlässigkeit. Aber davon abgesehen: Sind diese Automobile, die keinen Windkanal passieren mussten und noch nicht aus exotischen Kunststoffen bestehen, nicht in Wahrheit ein Beweis wahrer Lebenskunst? Ein Bekenntnis zu nostalgischer Noblesse? So sympathisch unzeitgemäß? Sicher, die meisten dieser alten Kisten eignen sich nicht für Überholmanöver auf der Autobahn. In dieser Hinsicht Eindruck schinden kann man mit einem brandneuen roten Ferrari besser. Ich gebe allerdings zu bedenken: Man sitzt dabei mit Dieter Bohlen und seinen Brüdern im Geiste in einem Boot, symbolisch betrachtet. Wollen Sie das wirklich?

Wer die Schönheit der Landstraße erfahren möchte und zudem nicht an jeder Ampel mit ätzendem deutschen

Klassenkampf konfrontiert sein will, dem sei ein Oldtimer empfohlen. So eine alte Kiste nämlich verschönert das Straßenbild und wird von den meisten Menschen wohlwollend begutachtet. Das kann Ihr Leben bereichern. Wohlwollen und Freundlichkeit sind Dinge, die ein gewöhnlicher Porschefahrer auf der Straße vermutlich nur vom Hörensagen kennt.

Ich hätte da sogar eine ganz konkrete Empfehlung für Sie. Okay, ich bin da voreingenommen. Schließlich fahre ich selbst so ein Spielzeugauto, schon seit über zwanzig Jahren. Aber glauben Sie mir: Nichts, wofür man einen Führerschein bräuchte, macht so großen Spaß wie eine Ausfahrt mit diesem Missverständnis der Automobilgeschichte ...

DER KARMANN GHIA

Die Szene wiederholt sich ständig, so wie in *Täglich grüßt das Murmeltier*. Ich stehe an einer roten Ampel, mein Blick mäandert im Ungefähren. Da nehme ich eine Bewegung wahr, meistens links von mir, weil ich gerne auf der rechten Spur daherschleiche. Ich blicke also nach links, und da stehen sie und schauen: Hausfrauen und Mütter in den späten Fünfzigern, seltener Herren im gleichen Alter oder junge Dinger mit Klämmerchen im Haar. Alle lächeln sie mich selig an oder nicken mir anerkennend zu. Manche von ihnen heben den Daumen zum Stefan-Raab-Gruß, immer wieder kommt es sogar vor, dass sie ihre Seitenfenster runterkurbeln und mir ein »Wie schön!« zuraunen. In solchen Momenten nicke ich höflich zurück und tue ein bisschen verlegen, aber in Wahrheit freue ich mich wie ein kleines

Kind. Mein Wagen hat sich diese freundliche Aufmerksamkeit redlich verdient. Er ist ein eleganter Oldtimer und ist trotzdem so angenehm bescheiden geblieben. Es ist eben ein Karmann Ghia.

Vor fünfzig Jahren war nicht abzusehen, dass man den Karmann einmal zu den Klassikern der Automobilgeschichte zählen würde. Im Grunde basierte das Projekt Karmann nämlich auf einem groß angelegten Betrug. Die Volkswagen-Bosse entschieden mit bangem Blick auf die immer größer werdende Schar von Frauen am Steuer: Lasst uns einen VW Käfer im Gewand eines Sportwagens bauen! Man sieht den sauber gescheitelten Automobilhändler geradezu vor sich, wie er einer eleganten Dame mit Haarteil und Hütchen ins schnittige Coupé hilft und ihr beteuert, wie sportlich und verwegen sie in dem neuen Volkswagen-Modell wirke. Dabei wirft er dem besorgten Gatten der Dame über die Schulter einen verschwörerischen Blick zu und winkt mit einer knappen Handbewegung ab. Subtext: »Keine Sorge, der Herr, mit dieser Kiste kann sie überhaupt kein Unheil anrichten. Das Ding sieht nur so aus wie ein Sportwagen!«

Hey, wir reden über die Fünfzigerjahre! Witze über Frauen am Steuer waren groß in Mode, der Trend zum Zweitwagen kam erst ganz langsam in Arzt- und Apotheker-Haushalten in Gang. Da brauchte man ein schlüssiges Marketingkonzept, um bessergestellten Damen den Wunsch nach einem schnittigen Sportwagen zu erfüllen, ohne ihnen gleich die entsprechenden Pferdestärken anzuvertrauen. Der Karmann Ghia war das perfekte Surrogat für den Appetit auf Fahrspaß mit Chic: Die Karosserie wurde von der Carrozzeria Ghia im italienischen Turin entwickelt, doch Motor und Technik stammten aus der Käfer-Schmiede in Wolfsburg und dem Osnabrücker Karosseriebauer Karmann. Um es profan, aber ehrlich auszudrücken: Von außen sah der Karmann Ghia wie ein Rennpferd aus, doch drinnen steckte bloß ein Ackergaul.

Der erste dieser eleganten Zwitter, der am 14. Juli 1955 im Kasino-Hotel der Georgsmarienwerke Osnabrück der Öffentlichkeit vorgestellt wurde, kostete 7500 Mark und erreichte eine Höchstgeschwindigkeit von 115 Kilometer bei 30 PS. Nicht unbedingt Daten, die einen sportlichen Fahrer entzücken. Und so litt der Karmann auch Zeit seiner Produktion unter dem Ruf, ein aufgeputzter Blender zu sein, oder, wie es Autotester Seifert in *Auto, Motor Sport* 1966 formulierte, ein »VW im Sonntagsanzug«. Derber ging da schon der Volksmund mit dem Karmann ins Gericht: »Hausfrauen-Porsche« war noch der bravste Spott, denn auch die bitterböse Verunglimpfung »Nutten-Ferrari« musste sich der harmlose Zweisitzer immer wieder anhören. Offenbar hatten auch die Damen des horizontalen Gewerbes einen Sinn für Ästhetik kultiviert. Kann man das dem Karmann Ghia vorwerfen?

Selbst mit der korrekten Aussprache seines Namens wird immer noch Schindluder getrieben. Den Wagen spricht man nämlich keineswegs »Karmann Dschia« aus, wie irrtümlich angenommen. Man betont ihn mit einem harten G. Sie sagen ja auch nicht »Spaschetti«, wenn Sie im italienischen Restaurant Pasta bestellen, oder?

Glücklicherweise hat der Karmann all die Anfeindungen und Missverständnisse aus seinen Kindertagen gut überstanden und entwickelte sich für Volkswagen zu einem internationalen Verkaufsschlager. 1974 wurde seine Produktion nach fast zwanzig Jahren und nur einer einzigen substanziellen Typveränderung eingestellt. Die Bilanz: Zwischen 1955 und 1974 baute Volkswagen 443.478 Exemplare, 112.333 davon wurden in Deutschland zugelassen, etwa zwei Drittel als Coupé, der Rest in der hübschen Cabrio-Variante, die zwei Jahre nach Einführung, ab 1957 also, angeboten wurde. Wer sich nun dreißig Jahre nach seinem Produktionsende für einen Karmann Ghia interessiert, muss entweder zu einer Ruine greifen und sich für lange, lange Zeit von Familie und Freunden verabschieden, denn er wird von da ab viel in seiner Schrauberhalle zu tun haben. Oder er legt mindestens 10.000 Euro für ein halbwegs intaktes Fahrzeug auf den Tisch – und bei dieser Summe fängt der Spaß erst an.

Als Protzkarosse ist der Karmann Ghia trotzdem eine totale Fehlbesetzung, da kann er noch so formschön gestuft sein und entfernt an den legendären 356 Porsche erinnern. Mein eigener Karmann – übrigens mein vierter, man kann also von einer Langzeitbeziehung sprechen, und wir sind immer noch glücklich miteinander – stammt aus dem Jahr 1967. Das macht sich bei stolzen 34 PS besonders dann bemerkbar, wenn er auf der Autobahn mit Höchstgeschwindigkeit unterwegs ist und dabei etwa 105 Kilometer erreicht. Die Geräuschentwicklung ist in solchen Momenten mit der eines startenden Düsenjet vergleichbar. Doch der Karmann-Fahrer ist in der Regel ein demütiger Mensch, er toleriert weiterhin ergeben, dass im Winter die Heizung nicht funktioniert und die Scheibe von innen vereist. Dafür stinkt es im Sommer aus der Ladeluke im Heck. Auch Platz hat man im Karmann nur sehr begrenzt, dafür ist er schwer wie ein Panzer und ebenso sperrig zu manövrieren, vom absurd hohen Spritverbrauch einmal ganz abgesehen.

Der Karmann Ghia – an diesem Fazit führt kein Weg vorbei – ist ein durch und durch unpraktisches, ja nahezu zweckfreies Gefährt. Dafür liebe ich ihn. Wenn ich mit dem Karmann durch die Straßen schleiche, dann fühle ich mich wie ein motorisiertes Relikt, ein Adenauer-Denkmal auf vier Rädern. Ich bin die gute, alte Zeit auf Durchreise, und für die Zeitgenossen des Karmanns das nostalgische Aufblitzen aufkeimenden Wohlstands und großer Erwartungen. Dafür sind sie mir dankbar und lachen mich freundlich an, und dafür gibt es hin und wieder auch den Raab-Daumen.

ZEHN WEITERE OLDTIMER MIT STIL

PORSCHE TARGA
Natürlich nur die »Urelfer«-Jahrgänge bis 1974 mit dem silbernen Sicherheitsbügel. Einer der noblen Klassiker auf deutschen Straßen.

OPEL GT
Ursprünglich ein Zweisitzer für Nachwuchs-Luden, die sich den Chevrolet Corvette noch nicht leisten konnten. Die »geschrumpfte Corvette« wurde bis 1973 gebaut – erst heute weiß man ihren niedlichen Charme zu würdigen.

MERCEDES-BENZ 190 SL ROADSTER
Wurde 1955-1963 produziert und erlangte eine gewisse Berühmtheit dadurch, dass Deutschlands bekannteste Wirtschaftswunder-Prostituierte Rosemarie Nitribitt den schicken Schlitten als Dienstwagen benutzte. Nur für schwerreiche Kenner: Heute kostet das seltene Fahrzeug über 100.000 Euro. Wenn man überhaupt eines findet.

JAGUAR E-TYPE
Die legendäre Katze. Hier sind nicht viele Worte nötig: Für Jungs, die mal in einer fahrenden Zigarre gesehen werden wollen. Wurde bis 1975 gebaut. Die Roadster der ersten Serie erzielen heute in gutem Zustand Preise von über 100.000 Euro.

ASTON MARTIN DB5
Die legendäre James-Bond-Karosse. Wurde gleich in mehreren Bond-Filmen – unter anderem in Casino Royal – eingesetzt und bis 1965 gebaut. Für Männer mit dem unbedingten Willen zur Distinktion und einem guten Verhältnis zu ihrem Bankberater.

GLAS 1700
Für Freunde seltener Memorabilia: Das Fahrzeug wurde von einem Dingolfinger Unternehmen namens Hans Glas GmbH in den sechziger Jahren produziert und sieht aus wie ein knuffiger Vorläufer des BMW. 1967 übernahm BMW den unliebsamen Konkurrenten – das Ende für Glas in Deutschland. Wer nach Fahrzeugen sucht: Infos gibt's beim umtriebigen Autoklub unter www.glas1700.de.

VOLVO P1800

Der gute, alte Schneewittchensarg, mit dem Roger Moore als *Simon Templar* durch die internationale Serienlandschaft cruiste. Der alte Schwede sieht nicht nur schick aus, sondern war auch zuverlässig. Er hält den PKW-Kilometerrekord: Ein 1966 in den USA zugelassenes Fahrzeug hat fast fünf Millionen Kilometer zurückgelegt und wird immer noch von seinem ersten Besitzer gefahren – täglich!

FORD MUSTANG

Auch der röhrende Mustang in der ersten Version bis 1966 gehört zu den Klassikern der amerikanischen Automobilhistorie. Der Wagen mit dem unverkennbaren Pferdelabel ist vor allem bei den Männern beliebt, die gerade erst vom Motorrad abgestiegen sind.

CITROEN DS

Prinzipiell potthässliche Französin, die es trotzdem zum Kultauto brachte, Spitzname »Die Göttin«. Erinnert an ein fahrendes Sofa, berühmt auch wegen der hydraulischen Tieferlegung. Profis nennen es »hydropneumatische Federung«. Wurde bis 1975 gebaut.

MESSERSCHMITT KABINENROLLER

Dieses nur schwerlich als Automobil erkennbare Fahrgerät garantiert höchstmögliche Aufmerksamkeit: Es wurde in den fünfziger Jahren gebaut und ausgeliefert – und zwar mit einer detaillierten Anleitung zum Ein- und Aussteigen. Wer das Ausklapp-Auto noch kennt, weiß warum.

OUTBACK

DIE TROSTLOSIGKEIT IN TÜTEN
Männer neigen bekanntlich dazu, exotische Ziele zu bereisen. Die eigenen Grenzen auszuloten und so etwas. Das Outback in Australien gehört zu diesen Traumzielen. Wer weiß, warum?

»Australien war ursprünglich eine britische Sträflingskolonie. Wenn man heute dort einen Verbrecher bestrafen will, lässt man ihn einfach frei rumlaufen.«

FALKO RADEMACHER

Im Prinzip sei eine Reise ins australische Outback reine Zeitvergeudung, urteilt der populäre Reise- und Wissenschaftsautor Bill Bryson in seinem Buch *Frühstück mit Kängurus*. Der Grund: Das Outback sei die große Trostlosigkeit in Tüten, das grausige Nichts, vermutlich nur eine

Erfindung des australischen Fremdenverkehrsamts. Dort wusste man wohl einfach nicht, was man mit der unwirtlichen Mondlandschaft mitten im Land anderes anfangen könnte, als sie zu einem mystischen Ort zu überhöhen.

Nun, ich persönlich bin ganz bei Bill Bryson und rate jedem von einer längeren Expedition in das grässlich heiße Binnenland Australiens ab, das etwa drei Viertel der gesamten Fläche Australiens umfasst. Weite Gebiete des extrem trockenen Outbacks, in denen manchmal jahrelang kein Regen fällt und im Sommer Temperaturen über 50° C herrschen, sind ohnehin nicht zugänglich. Wer es trotzdem versucht, dem droht zuerst eine ganz neue Dimension der Langweile und später dann eine große Gefahr; eine, die sehr schön mit Dehydrierung, Sonnenstichen und Rückenproblemen korrespondiert. Oder, und hier hebe ich meine Stimme etwas an, *oder* Sie machen es wie der englische Tourist Martin Lake. Dann wird es alles, nur nicht langweilig, das kann ich Ihnen versprechen.

Der Mann wanderte 2006 in der Nähe von Alice Springs ins Outback und schaffte es, dort bleibenden Eindruck zu hinterlassen. Martin ging verloren, und zwar, wie es die lokale Polizei lapidar beschrieb, »in Rufweite möglicher Hilfe«. Gekleidet in schwarzem T-Shirt und Shorts, ohne Wasser, Kopfbedeckung, aber dafür mit einem leeren Akku im Mobiltelefon, suchte er offenbar nach einer alten Telegrafenstation und verirrte sich prompt. Der Mann wurde drei Tage nicht gefunden. Offenbar war Mr Lake allerdings noch nicht lange genug in der heißen Wüstenlandschaft herumgeirrt, oder die Sonne hatte ihm das Hirn nachhaltig vernebelt. Denn nachdem er von den örtlichen Rettungseinheiten endlich gefunden, gepflegt, belehrt und entlassen worden war, ging er eine Woche später wieder im Outback verloren. Am selben Ort, nicht einmal eine Meile entfernt. Wieder kreisten die Hubschrauber, wieder wurden die australischen Rettungskräfte alarmiert, wieder wurde Martin Lake lebendig gefunden. Diesmal allerdings erst nach vier Tagen. Kann man natürlich machen, ich persönlich würde jedoch abraten, auch wenn Martin Lake alias »The Bumbling Brit« inzwischen in der Region zu einer (verlachten) Berühmtheit geworden ist.

SMALLTALK

GESCHMUNZELT, NICHT GEBRÜLLT
Es muss ja nicht gleich die Relativitätstheorie sein, mit der Sie Ihre Gesprächspartner auf einer Party beeindrucken. Ein bisschen Trivial Pursuit kann aber nie schaden ...

»*Sag nicht alles, was du weißt,
aber wisse immer, was du sagst.*«
MATTHIAS CLAUDIUS

WISSEN SIE, was die Begriffe »Talkmaster«, »Handy« und »Smoking« gemeinsam haben? Falls ja, entschuldige ich mich ausdrücklich für die kleingeistige Unterstellung, Sie würden in Sachen Stil und Etikette ausgerechnet von mir Nachhilfe erwarten. Der (große?) Rest hingegen höre genau zu: All diese Begriffe sind im englischen *nicht* gebräuchlich.

Sie sind erfunden worden von deutschen Wichtigtuern, die glaubten, sie würden sich auf diesem Wege als Herren von Welt kennzeichnen. Also besser in London oder New York über *mobile phone* und *dinner jacket* sprechen, wenn Sie verstanden werden wollen. Sonst werden auch Sie von der *London Times* veräppelt, die in diesem Zusammenhang einmal spöttisch von deutscher »linguistic submissiveness« sprach, übersetzt »sprachliche Unterwürfigkeit« – oder auch »kriecherische Anbiederung«. Das können Sie nicht wollen!

KENNEN SIE AUCH einen dieser Hornochsen, die gedacht haben, der Pariser Eiffelturm habe etwas mit der deutschen Eifel zu tun, diesem mäßig spektakulären Mittelgebirge im Grenzgebiet von Deutschland, Belgien und Luxemburg? Dabei weiß doch jedes Kind, dass der Name des Eiffelturms im Gegensatz zum Schiefergebirge mit zwei »f« geschrieben wird und auf den Bauherrn des über 300 Meter hohen Stahlfachwerkturms Gustave Eiffel zurückgeht.

Die Vorfahren Eiffels übrigens nannten sich Bönickhausen-Eiffel, und ein Biograf des berühmten Turmbauers fand heraus, dass der Name zurückgeht auf einen Schulmeister namens Leo Heinrich Bönickhausen aus Aremberg, Kreis Ahrweiler. Welches, die Heimatkunde-Aufpasser unter Ihnen ahnen es bereits, sehr wohl in der deutschen Eifel verortet werden kann. Falls Sie also wirklich einen dieser »Hornochsen« kennen, die behaupten, der Pariser Eiffelturm bezöge sich auf dieses kleine Gebirge in Deutschland – schütteln Sie ihm die Hand und leisten Sie Abbitte: Er hat recht!

Bei Jauch hätten Sie die folgende 32.000-Euro-Frage ganz easy beantwortet, glauben Sie: »Warum heißen die Hundstage Hundstage?«, lautete seine Frage, und die Antwort im Saalpublikum würde höchstwahrscheinlich so ausfallen: »Das bezeichnet besonders heiße Tage, an denen man nicht mal seinen Hund vor die Tür schicken würde!« Das ist zwar gängig, aber trotzdem falsch. Menschen, die sich mit den Sternen auskennen, werden es gewusst haben: Verantwortlich für diesen Namen ist der Umstand, dass sich das Sternbild Großer Hund in der Sommerzeit entwickelt. Da der heliakische Aufgang des Sirius in Deutschland aber frühestens ab dem 30. August beobachtet werden kann, ist er somit eher ein Zeichen für den nahenden Herbstanfang. Zurück auf 500 Euro!

Reden wir kurz über die Polizei. Wussten Sie, dass Sie einen Polizisten tatsächlich »Bulle« nennen dürfen?

Jedenfalls existieren inzwischen rechtskräftige Urteile in dieser Angelegenheit. Begründung: Dieser Begriff sei inzwischen als umgangssprachlicher Ersatzbegriff für die Berufsgattung Polizist eingeführt.

Konsequent ist das zudem, weil schon im 18. Jahrhundert die Vorgänger der Polizisten, die so genannten »Landjäger«, auch »Landpuller« oder »Bohler« genannt wurden. Das stammt aus dem Niederländischen von »bol« und heißt so viel wie »kluger Kopf«. Sie beleidigen also im Prinzip niemanden, wenn Sie das Wort »Bulle« benutzen. Möglicherweise können Sie sich ja aufs 18. Jahrhundert berufen, wenn Sie einen unserer Ordnungshüter zukünftig mal so rufen. Sie sollten allerdings kein »Scheiß-« oder »Blöder« davorsetzen, denn dann wird es trotzdem teuer.

Womit wir beim nächsten Thema wären. *Auto BILD* hat seinen Lesern im Jahr 2009 eine feine Liste zusammengestellt. Daraus ging hervor, wieviel Strafgeld man einplanen muss, wenn man einen Bullen im Zustand höchster Erregung mit diversen Schimpfworten überzieht. Diesen Katalog möchte ich Ihnen natürlich nicht vorenthalten, vielleicht denken Sie daran, wenn Ihnen demnächst die »Alte Sau« schon auf der Zunge liegt und Sie schnell doch die 2000 Euro sparen wollen. »Du blödes Schwein« wäre doch auch nicht schlecht ...

BÖSE WORTE UND WAS SIE VOR DEUTSCHEN GERICHTEN KOSTEN:

»Leck mich doch!« .... 300 Euro

»Dumme Kuh!« .... 300 Euro

»Du armes Schwein, du hast doch eine Mattscheibe!« .... 350 Euro

»Du bist doch zu dumm zum Schreiben!« .... 450 Euro

»Du blödes Schwein!« .... 475 Euro

»Hast du blödes Weib nichts Besseres zu tun?!« .. 500 Euro

»Was willst du, du Vogel?!« .... 500 Euro

»Asozialer!« .... 550 Euro

Einen Polizisten duzen .... 600 Euro

»Dir hat wohl die Sonne das Gehirn verbrannt!« .... 600 Euro

»Du Holzkopf!« .... 750 Euro

»Bei dir piept's wohl !« .... 750 Euro

»Sie sind ja krankhaft dienstgeil!« .... 800 Euro

»Verfluchtes Wegelagerergesindel!« .... 900 Euro

»Kasperleverein!« .... 1000 Euro

»Wichtelmann!« .... 1000 Euro

»Du Wichser!« .... 1000 Euro

»Raubritter!« .... 1500 Euro

»Trottel in Uniform!« .... 1500 Euro

»Am liebsten würde ich jetzt Arschloch zu dir sagen!« .... 1600 Euro

»Du Schlampe!« .... 1900 Euro
»Fieses Miststück!« .... 2500 Euro
»Alte Sau!« .... 2500 Euro

Wenn Sie sich auf die Zunge beißen und glauben, mit einschlägiger Zeichensprache durchzukommen, dann ist das zwar einerseits in gewissen Situationen durchaus ein übermenschlicher Beweis Ihrer Willenskraft, bewahrt Sie aber andererseits nicht vor einer empfindlichen Geldbuße. Es folgt der Strafgeldkatalog für unflätige Zeichensprache:

Die Zunge herausstrecken .... 150 Euro
Einen Kreis aus Daumen und
Zeigefinger bilden .... 675 Euro
Einen Vogel zeigen .... 750 Euro
Mit der Hand vor dem Gesicht wedeln
und andeuten, Ihr Gegenüber sei
nicht ganz bei Trost .... 1000 Euro
Den Mittelfinger zeigen .... 4000 Euro

(Für den Mittelfinger übrigens hat in Deutschland der berühmte Fußballer Stefan Effenberg einmal 90.000 Euro bezahlen müssen. Wenn Sie also glauben, »So einen ›Raubritter‹ oder einen Stinkefinger leiste ich mir einfach mal«, so kann das böse Überraschungen nach sich ziehen. Die ausgesprochene Strafe richtet sich nach Ihren Einkommensverhältnissen ...)

Nach diesem kurzen Abstecher in die Welt des Wutbürgers nun zum Thema Musik. Kennen Sie die erfolgreichste Coverversion der Weltgeschichte? *Mandy* von Barry Manilow? *American Pie* von Madonna? *With a little help of my friends* von Joe Cocker? Ziemlich nah dran. (Die Originale stammen von Scott English, Don McLean und den Beatles.) Es dürfte allerdings kein Zweifel daran bestehen, dass die *Marseillaise* noch eine Spur erfolgreicher ist ...

Der Hintergrund der heutigen französischen Nationalhymne: Sie wurde in der Nacht vom 25. auf den 26. April 1792 in Straßburg von einem Hauptmann namens Rouget de Lisle anlässlich der Kriegserklärung an Österreich komponiert und gedichtet, am nächsten Morgen sollte sie von den ausmarschierenden Truppen der Rheinarmee geschmettert werden. Doch das Lied fand in Straßburg nur mäßigen Anklang und wäre beinahe einfach vergessen worden. Wenn nicht, ja, wenn nicht zwei Monate später – wieder brauchte die Truppe musikalisch-moralische Unterstützung – eine Kopie des Songs nach Marseille geraten und dort vorgetragen worden wäre. Mit einem Mal wurde das Stück zum Superhit, die ganze Stadt sang es seinen Soldaten hinterher, die *Marseillaise* war geboren. Und, mal ganz im Ernst: »Strasbourgaise« hätte doch sowieso komisch geklungen.

Noch ein kleiner Nachtrag in Sachen Musikhistorie: Auch der Wiener Walzer ist keineswegs in Wien erfunden worden, sondern wurde erstmals in Bayern als Drehtanz im Dreivierteltakt erwähnt. Erst Jahrzehnte später machten die Österreicher aus »Dreher« einen »Walzer« und beanspruchten den Tanz für sich. Eine kleine Anekdote, die besonders in der Grenzregion zwischen Bayern und Österreich immer sehr gut ankommt ...

Aus Bayern und Österreich reisen wir nun auf direktem Weg in den Orient – und zurück an den Nord-Ostsee-Kanal. Es geht um eine Redewendung und ihre Herkunft. Was fällt Ihnen zu der Redewendung »Einen Türken bauen« ein? Nicht viel? Das geht den meisten so, glauben Sie mir. Zwar ist klar, dass damit ein Missgeschick gemeint ist oder stärker noch, eine mutwillige Täuschung bezeichnet wird (»etwas türken«). Aber woher diese Redewendung stammt, ist nicht vielen Menschen bekannt. Dabei ist es eine ganz amüsante Anekdote: Zur Eröffnung des Nord-Ostsee-Kanals 1895 schickten sehr viele Nationen ein Schiff unter ihrer Landesflagge vorbei, alle Schiffe wurden daraufhin mit ihrer jeweiligen Nationalhymne begrüßt. Als aber ein türkisches Schiff auftauchte, hatte die Musikkapelle vor Ort die passenden Noten nicht parat und spielte stattdessen *Guter Mond, du stehst so stille*. Ob die türkischen Seeleute bei dieser musikalischen Begrüßung große Freude verspürten, ist nicht überliefert – sehr wohl jedoch der Spruch »Einen Türken bauen«.

Und eine letzte kleine Reise, diesmal nach Ungarn. Wer hat sich nicht schon einmal gefragt, woher eigentlich die Bezeichnung »Tolpatsch« stammt (oder auch »Tölpel«)? Die Auflösung: »Tolpatsche« waren einst die ehrbaren Soldaten der ungarischen Infanterie – ihr Name stammt von den «talpas», ihren breitsohligen Schuhen. Da sie mit den deutschsprachigen Kollegen in der k.u.k.-Armee gemeinsam in den Krieg zogen und von ebenjenen im Heerlager kaum verstanden wurden, galt »Tolpatsch« bald als ein Oberbegriff für alle Männer, die sich unverständlich ausdrückten und deren Handlungen nicht ohne Weiteres zu verstehen waren.

An dieser Stelle kommt das Wort »Tolpatsch« auch deshalb zu besonderen Ehren, weil es am 25. April 2008 im Wettbewerb Wörter mit Migrationshintergrund – Das beste eingewanderte Wort des Goethe-Instituts mit dem ersten Platz ausgezeichnet wurde. Und alles nur, weil die k.u.k.-Soldaten zu faul waren, Ungarisch zu lernen. Weil dieses Wissen heute so wenig verbreitet ist, schreiben wir übrigens neuerdings korrekt Tollpatsch – kein Kommentar ...

KOSMETIK

NUR DIE GENE? VON WEGEN!
Wasser, Kernseife und gute Gene — mehr brauchen echte Männer nicht! Stimmt das wirklich? Wo doch jeder zweite Beautysalon neuerdings Angebote für den »neuen Mann« im Programm hat und angeblich schon 98 Prozent aller Männer Produkte zur Verschönerung und Körperpflege nutzen?

»Kosmetik ist die Kunst, aus der Not eine Jugend zu machen.«
HANNS-HERMANN KERSTEN

ICH KANN IHNEN SAGEN, was *ich* getan hätte: In der Krönung von Jacobs hätte ich gebadet, jeden verdammten Tag. Leider kommt die Information, dass Koffein gegen Haarausfall hilft, für mich etwa zwanzig Jahre zu spät. Mein Kopf hat nichts mehr zu verlieren, und deshalb mag ich

Jungs wie Bruce Willis oder John Travolta. Die haben auch eine glatt rasierte Glatze, aber ihre Namen werden in der *Gala* oder auf den Filmplakaten von Hollywood nach wie vor groß ausgestellt. Denn diese Jungs stehen zu ihrer Missbildung, und dann ist sie irgendwann keine mehr. Leute wie Elton John aber, oder andere Gestalten, die nachweislich mit einem Toupet oder einer künstlich eingepflanzten Kunstfaserwiese auf dem Kopf spazieren gehen, fand *ich* immer schon ein wenig armselig. (Siehe auch Kapitel »Haare«)

Wenn Sie diese Zeilen bisher aufmerksam gelesen haben, ist Ihnen sicher ein Widerspruch ins Auge gefallen: Gegen meine aufkeimende Glatze hätte ich vom Bad im Kaffeesud bis hin zur mitternächtlichen Geheimratseckenbeschwörung auf dem örtlichen Friedhof so ziemlich alles unternommen, was nicht unter Strafe stand. Unter einer Bedingung allerdings: Es hätte *heimlich* geschehen müssen. Dem armen Elton oder dem Stürmer-Büffel Wayne Rooney missgönne ich ihre dichten, künstlich angelegten Haarteppiche. Ja, ich finde es geradezu mitleiderregend, dass die beiden sich öffentlich dazu bekannten, zu solch albernen Mitteln gegriffen zu haben.

Passt das zusammen, macht das Sinn? Möglicherweise nicht – aber es symbolisiert die Zwickmühle, in der sich Männer auch heute noch befinden, wenn es um ihre Außenhülle und die Mittel geht, diese entweder zu erhalten oder neu zu polieren. Diese Zwickmühle besteht darin, dass wir zwar alle eitel genug sind, gut aussehen zu *wollen*. Dass dies aber nicht das Ergebnis einer aufwändigen aktiven Behandlung sein darf, nein, das muss tunlichst von ganz allein geschehen. Der Herr hat's gegeben, es sind die Gene!

Leider trifft genau das auf die Mehrheit von uns nicht zu – und wir wissen es alle. Immer mehr Männer, so behaupten Trendforscher und Werbe-Industrie unisono, wenden immer mehr Zeit auf, um Augenfältchen, lästige Körperbehaarung und so ziemlich alles, was sich am eigenen Körper nicht dem Postulat ästhetischer Perfektion unterwirft, zu bekriegen. Auch die körpereigene Pheromon-Armee wird gerne mit fremden Düften aus dem Flakon aufgepeppt, im Kampf um gesellschaftliche Akzeptanz und gefährliche Liebschaften. Selbst ausgewiesene Hollywood-Machos wie Ben Affleck machen Werbung für den »Axe-Effekt«, einen angeblich unwiderstehlichen Flirt-Beschleuniger. Da kann man als offizieller Kosmetikmuffel schon mal ins Grübeln kommen. Zumal ich gelesen habe, dass angeblich 98 Prozent aller Männer Pflegeprodukte benutzen und 29 Minuten täglich für die Körperpflege investieren, Tendenz steigend. Ist es da nicht längst an der Zeit, die Flagge zu hissen und zu bekennen: »Ja, ich kümmere mich um meinen Körper!«

Wenn ich mich allerdings so umsehe, kommen da gewisse Fragen auf: Gehört Zahnpasta schon zu den Pflegeprodukten? Läuft das Bierchen nach Feierabend neuerdings unter der Kategorie Körperpflege und zählt zu den ominösen 29 Minuten? Wohl kaum. Und warum sehe ich meine Kollegen so selten dabei, wie sie sich *hübsch* machen? Vermutlich hängt diese gefühlte Diskrepanz zwischen Schein und Sein mit dem Umstand zusammen, dass der öffentliche Konkurrenzdruck zwar spürbar zugenommen hat, der durchschnittliche Mann aber immer noch nicht in der Lage ist, ihn auch offiziell anzuerkennen. Männer experimentieren zwar mit Tinkturen, Salben und Cremchen, das aber hauptsächlich undercover. Offiziell benutzen sie ja nicht mal Badelotion. Aus dem gleichen Grund, aus dem Männer auf »Kaufen-Sie-den-Porsche-jetzt,-zahlen-Sie-ihn-in-fünf-Jahren«-Angebote reinfallen und ihre Leber für ein organisches Perpetuum Mobile halten: Wir können zwar halbstündige Vorträge über das Prinzip »Ursache und Wirkung« halten und dabei Kant zitieren, aber dass Bodylotion *heute* die Falten von *morgen* verhindern könnte, leuchtet uns irgendwie nicht ein. Und Metrosex hin oder her: Ist so eine Bodylotion nicht auch ein wenig wie Duschen mit Dampf?

Außerdem gibt es schon noch einen Unterschied im ästhetischen Empfinden von Männern und Frauen. Die Sache mit den rasierten Beinen, um die Frauen immer so ein Geschiss machen zum Beispiel: Interessiert uns eigentlich nicht die Bohne. Das basiert auf einem typisch weiblichen Denkfehler. Falls uns so disparate Empfindungen wie »Sex haben wollen!« und »Ästhetisches Empfinden« innerhalb der gleichen Sekunde quälen würden, dann wäre ein Besenkammer-Malheur (und so einiges mehr) doch gar nicht möglich. Was wiederum schlecht für die Evolution wäre. Zudem sind Männer in Sachen Körperpflege – schon im Bewusstsein eigener Defizite – auch bei Frauen tolerant. Schon als Nena in den achtziger Jahren in den USA im ärmellosen Top auftrat und mit der Schlagzeile »She has the whole black forest under her arms« verspottet wurde, sagte der deutsche Mann nur: »So fucking what?«

Aber wir verstehen Frauen ja ohnehin nicht. Generell nicht, und in Sachen Kosmetik schon gar nicht. Wie zum Beispiel kann man bloß auf die Idee kommen, sich Lippen aufspritzen, Brüste vergrößern oder Fett absaugen zu lassen, und zu glauben, das Leben würde sich anschließend zum Besseren wenden? Aber das ist ein anderes Thema. Wenden wir uns lieber wieder den *Männern* und ihrem zwiespältigen Verhältnis zur Kosmetik zu. Fangen wir mal bei mir an: Ich konnte mich schon mehrfach dabei beobachten, wie ich ein After-Sun-Spray benutzte, das nach dem Auftragen golden fluoresziert. Das liegt in der »Echtalbern«-Skala ziemlich weit oben, und als meine Frau das Spray in meinem Reisegepäck entdeckte, war sie doch etwas irritiert. Ich entschuldigte mich mit: »Hab ich für zwei Euro im Beautybasar abgestaubt«, was sicherlich genauso dämlich klang wie die Behauptung, meine leichte winterliche Bräune sei das Ergebnis des letzten Skiurlaubs. Die Wahrheit ist: Ein bis zweimal im Monat besuche ich ein Solarium, weil ich sonst aussehe wie der weiße Hai. Aber wie das schon klingt! Nach Azzentoaster und Sky Sports Bar. Ich bitte Sie, das ist doch peinlich, immer noch, ein kleines bisschen wenigstens. Und aus genau diesem Grund werden Sie nicht viele Männer finden, die sich dazu bekennen, stundenlang im parfümierten Lemon-Schaumbad zu sitzen, wöchentlich zur Pediküre zu watscheln oder den persönlichen Hair-Stylisten an den Urlaubsort einfliegen zu lassen, öffentlicher Pflegedruck hin oder her. Es gibt sogar Ex-Kanzler, die gegen den naheliegenden Verdacht, die Haare gefärbt zu haben, vor Gericht gezogen sind!

Nein, Männer leisten sich nur wenige offensichtliche Eitelkeiten, und es gehört zu ihrer genetischen Imprägnierung, nicht allzu viel Zeit im Badezimmer zu verbringen. Kernseife, Zähne putzen, kalt duschen – ich würde behaupten, das Hygiene-Ideal des modernen Mannes orientiert sich in der Mehrzahl immer noch an Rübezahl. Aber ich bin ja nicht blind. *Natürlich* registriere auch ich diese neuerdings immer lauter werdenden Botschaften, die besagen: »Jungs, die Zeit ist gekommen, sich um eure Augenringe, Falten und sonstigen altersbedingten Gebrechen Sorgen zu machen. Hopp, hopp, auf in den Beauty-Salon und in die Kosmetikabteilungen der Kaufhäuser, vielleicht ist ja noch was zu retten!«

Mich lässt das in der Regel kalt. Ich kann Ihnen auch sagen, aus welchem Grund: Es hat nichts damit zu tun, dass ich nicht gut riechen, schöner aussehen, besser ankommen wollte. Es ist nur so – meine Frau würde mich auslachen, wenn ich plötzlich anfangen würde, eine Pflegeserie für Männer zu benutzen, welche die »belebende Kraft des Olivenbaums mit der glättenden Wirkung von reinem Thermalplankton« in sich vereint. Sie würde sich sogar ernsthafte Sorgen um meinen Gesundheitszustand machen, wenn ich darüber hinaus ein »Active Defense System« für Augenringe einsetzen und mit einem »Bodygroom« für Männer operieren würde, einem »All-in-One-Körperhaarpflegesystem« ... Überhaupt würde alles, was dazu führt, dass ich im Bad mehr als zehn Minuten brauche, zu einem sofortigen Kreuzverhör führen. Und wehe, ich kann dann nicht nachweisen, dass ich nur heimlich im *Playboy* geblättert habe.

Nein, ich verrate Ihnen etwas, oder vielleicht wissen Sie es ja schon: Männer halten im Grunde ihres Herzens allzu differenzierte Körperpflege für zu aufwändig, lästig und, jawohl: *unmännlich*. Und sie werden von Frauen in dieser Einschätzung bestärkt. Frauen nämlich, mit denen man zusammenlebt, üben in Sachen Körperpflege definitiv *keinen* Druck aus. Es sind immer nur die hübsch ausgeleuchteten Supermodels im Fernsehen oder auf den Reklameseiten von Hochglanzmagazinen, die ihren Begleitern maskuline Düfte, vitale Schaumbäder oder ein Wochenende auf der Beautyfarm verschreiben. Die Frauen aus dem richtigen Leben, die mir tagtäglich begegnen, mögen zwar auch Jungs, die wildfrisch ein durchgemachtes Wochenende in Paris ausstrahlen. Was sie aber partout nicht mögen ist, ihnen dabei zuzusehen, wie sie Mühe und Energie darauf verwenden, genau diesen Eindruck zu erwecken. Der Blick hinter die läppischen Kulissen maskuliner Unwiderstehlichkeit wird einfach nicht gewünscht – das würde den Reiz des naturbelassenen Alphamännchens nämlich *irgendwie* beeinträchtigen. Und wenn Sie jetzt kurz aufschreien wollen und anmerken, dass sich Rollenklischees dieser Art doch langsam überlebt haben sollten, dann bitte ich Sie: Schlagen Sie nicht *mich* zu Boden. Ich bin nur der Typ, dessen Freundin es schon albern findet, dass er sich dreimal im Jahr seine drei Haare auf der Brust stutzt.

FRAUEN

DREI BUCHSTABEN, EIN KRIEGSZUSTAND
*Gefahren für arglose Männer lauern überall da draußen —
manchmal an Orten, wo man sie am wenigsten erwartet.
Eine kleine Anleitung zum Umgang mit einem tückischen
Frauenleiden.*

MÄNNER FAHREN 400 KILOMETER pro Stunde schnelle
Waffen im Kreis, prügeln sich beim Ultimate Fighting um
den Verstand oder treiben sich beim Ultramarathon in die
Grauzone menschlicher Leidensfähigkeit. Einer schreckli-
chen Gefahr aber sind sie einfach nicht gewachsen, obwohl
sie ihr einmal im Monat gegenübertreten. Dummerweise
trotzdem unvorbereitet, jedes verdammte Mal. Wie heißt
diese Geißel der Männlichkeit? PMS. Drei Buchstaben wie
ein Donnerhall. Es handelt sich um die gängige Abkürzung

für das Prämenstruelle Syndrom, was inzwischen selbst an einigen Männerstammtischen die Runde gemacht haben dürfte. Neunzig Prozent aller Frauen spüren dieses PMS, dreißig Prozent leiden darunter. Drei bis vier Prozent aller Frauen hingegen werden derart schwer von diesem mysteriösen Befund beeinträchtigt, dass sie sich in rasende Ungeheuer verwandeln. Und das ist jetzt ausnahmsweise kein Spaß!

PMS wurde vor einiger Zeit schon als seriöse Krankheit in den Kanon der Frauenleiden aufgenommen, nachdem es über Generationen belächelt und nur im Kellerverlies weiblicher Launen verortet worden war. Schon der griechische Poet Simonides von Keos schrieb etwa 500 vor Christus – vor sehr langer Zeit also – dass Frauen »an einem Tag Freude und Lachen sein können, aber schon am nächsten Tag Leiden und Gefahr«. Was der alte Grieche sagen wollte: Männer sind unschuldige Opfer hormonell aus dem Gleichgewicht geratener, wankelmütiger Damen. Simonides von Keos! Sie sehen, ich habe mich wirklich umgehört. Und warum dieser Eifer? Nun, würden Sie etwa *nicht* wissen wollen, was mit Ihrem Partner los ist, in der Regel alle 28 Tage? Mit einem Menschen, mit dem sie unter normalen Umständen ziemlich muntere Unterhaltungen über Lady Gaga oder schwule Schwippschwäger aus dem Schwäbischen führen können und über die Garderobe von Teleshopping-Moderatoren? Einem Menschen, der in *Ziemlich beste Freunde* über den gleichen Blödsinn lacht wie Sie selbst und das auch im Kreise von seriösen Wochenblatt-Lesern freimütig zugibt? Einer Person, die Porno-Dialoge sammelt und *Die Alm* radikal öde findet, die also unterm Strich über keine sonderlich befremdlichen Ansichten oder Verhaltensauffälligkeiten verfügt?

Und die trotzdem einmal im Monat zu einer Art rastlosem Brummkreisel mit einer Neigung zu irrationalen Ausbrüchen oder sentimentalen »Auf-den-Arm,-aber-*sofort*!«-Anwandlungen mutiert? Oder was würden Sie davon halten, wenn in Ihrem Schlafzimmer plötzlich eine mit Ihnen verheiratete Schniefnase den irritierten Haushund umklammert und bitterlich das unvermeidliche Ableben der menschlichen Rasse beklagt, weil sie gerade *Schoßgebiete* von Charlotte Roche gelesen hat? Die am Telefon eine verblüffte Telekom-Mitarbeiterin zusammenfaltet und wütend all ihre Handtaschen auf einen Haufen wirft, begleitet von der Klage, dass sie außerdem gar nichts zum Anziehen habe.

Ich habe mich bisher in solchen Momenten gern aus dem Staub gemacht. Schließlich kommt kein vernünftiges Argument gegen PMS an, wenn es sich in all seinen schillernden Facetten zeigt: depressive Verstimmung, Hoffnungslosigkeit, Gereiztheit, Aggressivität, Anspannung, Lethargie, Energie- und Kontrollverlust. All das steht bei einem zünftigen Prämenstruellen Syndrom auf der Karte, kann man überall nachlesen. Und wenn es ganz schlecht läuft, gibt es das alles gleichzeitig auf den Teller. Dass PMS eine Belastung für jede Form sozialer Interaktion – gerade auf dem überschaubaren Raum einer gemeinsamen Wohnung – darstellt, leuchtet daher ein.

Trotzdem suche ich schon lange nicht mehr gleich das Weite, wenn meine Frau der monatlichen hormonellen Karussellfahrt ausgesetzt ist. Von der Psychologin Jane

Ussher, einer Frau, die sich seit über zwanzig Jahren (!) mit PMS-Forschung beschäftigt, habe ich nämlich gelernt, dass männliches Unverständnis den Stress und die psychische Labilität Ihrer Partnerin noch verstärken, dass hingegen verständnisvolle Rücksicht und liebende Zuwendung die PMS-Symptome abschwächen können. Das ist auch in etwa der Tenor eines knapp dreiminütigen Clips, der unter dem Stichwort »PMS« auf YouTube.com angeboten wird: PMS *Survival Tips* heißt das amüsante Filmchen des kanadischen Frauenkenners Maurice Devereaux, welches in Fünfzigerjahre-Ästhetik charmant vermittelt, wie man den monatlichen Metamorphosen seiner ansonsten sanftmütigen Frau begegnet – in diesem Fall mit einer Liebeserklärung und dem Angebot, sich trotz Sportübertragung im Fernsehen für eine ausgiebige Massage zur Verfügung zu stellen. Gewissen Klischees kann man sich eben nie ganz entziehen. So werden in diesem Lehrfilm zum Beispiel auch die drei Fragen aufgezählt, an denen Mann einen akuten PMS-Anfall seiner Gattin schon im Ansatz erkennt: »Liebst du mich noch?«, »Findest du mich immer noch schön?« und »Warum kannst du nicht sein wie Brad Pitt?« Männer grinsen übrigens an dieser Stelle gerne wissend, Frauen weniger häufig. Zumindest die dreißig Prozent der Gattung, die jeden Monat aufs Neue von heftigen Stimmungsschwankungen gepeinigt werden, können schon längst nicht mehr über die schalen Scherze der männlichen Kollegen lachen.

Zumal, und da sind sich die Forscher weitgehend einig, bisher kein Patentrezept gegen PMS auf dem Markt ist. Was damit zu tun hat, dass allein die Ursache des Syndroms immer noch umstritten ist. PMS gibt sich mysteriös: Zwar sind sich alle einig, dass die zyklischen Schwankungen des Hormonhaushalts PMS auslösen können. Forscher der Cornell-Universität in New York fanden heraus, dass bestimmte Gehirnregionen bei Frauen sehr unterschiedlich auf hormonelle Achterbahnfahrten reagieren. Einen wirksamen sogenannten Boost, der das zuständige emotionale Zentrum des Gehirns aktiviert und dem PMS entgegenwirkt, haben die New Yorker aber bis heute nicht gefunden. So behelfen sich die PMS-Therapeuten weiterhin mit Mönchspfeffer, der Empfehlung, solide zu leben, gesund zu essen und viel Sport zu treiben oder in schweren Fällen sogar mit der Verabreichung leichter Antidepressiva – man stochert also nach wie vor im Trüben.

Der englische Journalist Clint Witchalls verfügt inzwischen über ein gewisses Herrschaftswissen in Pseudo-PMS. Er hat als einer von ganz wenigen Männern gelernt, mit der Hormonbombe zu leben, indem er sich für einen wissenschaftlichen Selbstversuch zur Verfügung stellte. In seinem Buch *Die Pille und ich* schildert der Londoner mit viel Selbstironie, wie die Pille für den Mann aus ihm einen hormongesteuerten Macho oder, je nach Zyklusstadium, einen sentimentalen Weinerling machte: »Nach den Testosteron-Spritzen wurde ich aggressiv und geil, später zum jammernden Wrack, bei kitschigen Sachen im Fernsehen habe ich geweint.« Witchalls erkannte sich selbst nicht wieder und erfuhr, »was für einen großen Einfluss Hormone auf uns haben können und wie sich sanftmütige Leute in rasende Ungeheuer verwandeln«.

Rasende Ungeheuer. Da wären wir wieder. Die australische Kriminologin Dr. Patricia Easteal hat in ihrem Buch *Less Than Equal* einige schlimme Gewalttaten aufgeführt, die im PMS-Furor begangen wurden. Die Kellnerin Sandie Craddock etwa tötete ihre Kollegin, eine gewisse Christine English ihren Geliebten. Beide Damen litten unter schwerem, persönlichkeitsveränderndem PMS. Ein Umstand, der bei der Bemessung des Strafmaßes vor Gericht mildernd ins Gewicht fiel. Noch Fragen?

POESIE

EIN GEDICHT, ZWEI ODER DREI ...
Jeder Mann sollte ein Gedicht aufsagen können, um es im Notfall seiner Liebsten vortragen zu können. Hier folgen zehn Vorschläge für ein Gedicht im Alltag, denn wie sagte schon der schottische Dichter Robert Gilfillan: »Poesie ist Wahrheit, die in Schönheit wohnt.«

»Die Deutschen sind ein gemeingefährliches Volk: Sie ziehen unerwartet ein Gedicht aus der Tasche und beginnen ein Gespräch über Philosophie.«
HEINRICH HEINE

DA FIEL DIE ENTSCHEIDUNG WIRKLICH SCHWER: Als man noch ein Steppke in kurzen Hosen war, konnte man sich zu Weihnachten oder zum Geburtstag der lieben

Mutti aussuchen, ob man eine schiefe Weise auf der Blockflöte zum Besten geben oder doch lieber ganz freihändig ein Gedicht aufsagen wollte. Die Smarteren unter uns wählten freiwillig den peinlichen Achtzeiler. Sie gingen damit schon im Ansatz der Gefahr aus dem Weg, als »musikalisch« eingestuft und von nun an ständig zu einer Cello- oder Klavierlehrerin geschickt zu werden.

Damit war das Thema Poesie dann aber auch für lange, lange Zeit vergessen. Erst passend zu den ersten Balzversuchen erinnerte sich so mancher Pubertist an die betörende Kraft des vorgetragenen Wortes. Leider gehören die selbst verfassten Liebesschwüre und poetischen Erstversuche nicht unbedingt zu den Dingen, auf die man zehn Jahre später noch stolz zurückblickt. Wie beispielsweise muss sich Ben heute fühlen, dessen »Werk« ich 2007 in einem Internetportal fand:

Ich will mich nicht streiten, will dich nie verlieren,
ein Leben ohne dich würde ich nie riskieren!
Du bist mein Stern, mein helles Licht,
ich HAB DICH LIEB, vergiss das nicht!

Nun, ich fürchte, dieser einprägsame Vierzeiler wurde vom Adressaten in bester Absicht niedergeschrieben, von der Empfängerin jedoch als Drohung aufgefasst ... Unausgesprochen steht da doch: »Und wenn du's doch vergisst, dann komm ich und stalke dich bis zum Jüngsten Tag – respektive schleppe dich vor eine Kamera von Kai Pflaume!« Ich schätze, der angestrebte Effekt wurde hier keineswegs erreicht. Da plädiere ich doch schon eher dafür, einen wuchtigen Vierstropher von Stefan George auswendig zu lernen, auch wenn das auf den ersten Blick ein wenig mühseliger erscheint:

> *Du schlank und rein wie eine flamme*
> *Du wie der morgen zart und licht*
> *Du blühend reis vom edlen stamme*
> *Du wie ein quell geheim und schlicht*
>
> *Begleitest mich auf sonnigen matten*
> *Umschauerst mich im abendrauch*
> *Erleuchtest meinen weg im schatten*
> *Du kühler wind du heißer hauch*
>
> *Du bist mein wunsch und mein gedanke*
> *Ich atme dich mit jeder luft*
> *Ich schlürfe dich mit jedem tranke*
> *Ich küsse dich mit jedem duft*
>
> *Du blühend reis vom edlen stamme*
> *Du wie ein quell geheim und schlicht*
> *Du schlank und rein wie eine flamme*
> *Du wie der morgen zart und licht.*

Zu dick aufgetragen, finden Sie? Ein bisschen zu viel höhere Handelsschule gepaart mit Eifern und Fiebern? Na ja, in Biografien über den schlecht frisierten George steht schließlich auch, dass er ein Eigenbrötler mit einem Hang zur Selbstherrlichkeit gewesen sei. Solch einen Dichter möchte man natürlich nicht unbedingt engagieren, um die

Zuneigung der Herzdame zu erlangen. Auch wenn George ein extrem sprachbegabter Mensch war, der einige Geheimsprachen entwickelt haben soll. (Wofür allerdings sind die gut, wenn man nicht mal ein Glas Wein damit bestellen kann?)

Da ist man doch als bekennender Wilhelm-Busch-Freund viel besser dran: Der Mann schwelgte nicht in höheren Sphären, sondern gilt als smarter Spötter, dem zu jedem Gegenstand die richtigen Worte einfallen, und der dabei stets eine ironische Distanz wahrt. Was beispielsweise halten Sie von diesem Achtzeiler aus dem Gedicht *Die Liebe war nicht geringe*?

Die Liebe war nicht geringe.
Sie wurden ordentlich blass;
Sie sagten sich tausend Dinge
Und wussten noch immer was.

Sie mussten sich lange quälen,
Doch schließlich kam's dazu,
dass sie sich konnten vermählen.
Jetzt haben die Seelen Ruh.

Schön, nicht wahr? Aber leider auch nicht perfekt, finden Sie? Wegen der vermeintlichen Grabesinschrift am Ende? Und der Quälerei im Subtext? Außerdem möchten Sie die Dame erst einmal zu sich nach Hause bugsieren, nicht gleich auf das nächste Standesamt? Ja, da mag etwas dran sein. Obwohl so ein Achtzeiler schnell gelernt und aufgesagt ist. Aber ich sehe, was Sie meinen: Ein bisschen weniger Pathos, ein bisschen niedrigere Ziele ... Wie wäre es erst einmal mit einem harmlosen Kuss, bevor die Ehe anvisiert wird? In dieser Hinsicht hat der Dichter Paul Fleming schon im 17. Jahrhundert ganz konkrete Vorstellungen zu Papier gebracht:

Wie er wolle geküsst sein

Nirgends hin als auf den Mund:
da sinkt's in des Herzen Grund;
nicht zu frei, nicht zu gezwungen,
nicht mit gar zu fauler Zungen.

Nicht zu wenig, nicht zu viel:
beides wird sonst Kinderspiel.
Nicht zu laut und nicht zu leise:
bei der Maß ist rechte Weise.

Nicht zu nahe, nicht zu weit:
dies macht Kummer, jenes Leid.
Nicht zu trucken, nicht zu feuchte,
wie Adonis Venus reichte.

Nicht zu harte, nicht zu weich,
bald zugleich, bald nicht zugleich.
Nicht zu langsam, nicht zu schnelle,
nicht ohn' Unterscheid der Stelle.

Halb gebissen, halb gehaucht,
halb die Lippen eingetaucht,

nicht ohn' Unterscheid der Zeiten,
mehr alleine denn bei Leuten.

Küsse nun ein Jedermann,
wie er weiß, will, soll und kann!
Ich nur und die Liebste wissen,
wie wir uns recht sollen küssen.

Zugegeben, Paul Fleming hatte schon besonders weitgehende Vorstellungen davon, wie so ein Kuss auszusehen und in welcher Weise sich die beteiligten Körperteile zueinander zu verhalten haben. Vielleicht liegt es ja daran, dass der Barock-Dichter im Nebenberuf Arzt war, da bleibt die Romantik schon mal auf der Strecke. Das muss nicht immer schlimm sein, wie ein Kollege von mir lange Jahre unter Beweis stellte. Seinen nachhaltigen Erfolg bei Damen jeden Alters führte er nicht nur auf blendendes Aussehen und einen gewissen Charme zurück – auch vorlaute Frechheit gehörte zu seinem Arsenal der Verführung. Angeblich habe er folgende Bauernweisheit mit einem Glas Champagner in der Hand und zärtlichen Blicks so mancher Dame näher gebracht, und jedes Mal habe ihn das amüsierte Gelächter der Dame noch im Laufe des selbigen Abends in ihr Gemach begleitet.

Kräht die Henne vor dem Hahn
Spricht die Frau vor dem Mann
Soll man die Henne kochen
Und die Frau mit einem guten Prügel pochen.

Ähem. Wie gesagt, ich gebe das an dieser Stelle nur weiter, ich distanziere mich natürlich persönlich von den frauenfeindlichen Tendenzen dieses Vierzeilers – obwohl ich schon in Versuchung gerate, ihn mal probehalber vor einer jungen Dame zum Vortrag zu bringen. Wenn man wie ich das Risiko liebt ... Bringen wir ein paar Prominente ins Spiel: Ex-Bundeskanzler Gerhard Schröder zum Beispiel, die Schauspielerin Mariele Millowitsch oder den Sportmoderator Gerhard Delling. Allen dreien würde man nicht auf den ersten Blick zutrauen, allzu viel Zeit mit der Lektüre von Poesie zu verplempern. Weit gefehlt. Gemeinsam ist diesem Trio angeblich, dass sie eine Vorliebe für Rainer Maria Rilke haben, den 1875 in Prag geborenen Dichter, der nicht nur eine »Maria« im Vornamen trägt, sondern bis zum sechsten Lebensjahr auch als Mädchen erzogen wurde. Logisch, dass so jemand den direkten Weg zur Poesie und in die Herzen der stolzesten Frauen findet. Eine kleine Arbeitsprobe Rilkes möchte ich Ihnen natürlich nicht vorenthalten:

Immer wieder

Immer wieder, ob wir der Liebe Landschaft auch kennen
und den kleinen Kirchhof mit seinen klagenden Namen
und die furchtbar verschweigende Schlucht,
    in welcher die anderen
enden: immer wieder gehn wir zu zweien hinaus
unter die alten Bäume, lagern uns immer wieder
zwischen die Blumen, gegenüber dem Himmel.

Schön. Kann man so machen. Auch wenn sich so mancher Vers-Romantiker doch eher nach dem guten, alten Reim sehnt. Klingt der nicht einfach schneidiger, akkurat vorbereitet und mit sonorer Stimme vorgetragen? Das ist natürlich Geschmackssache, wie auch das folgende Liebesgedicht, dessen Auftakt hier unbedingt hingehört. Den Verfasser verschweige ich vorerst, vielleicht erkennen Sie ihn ja.

Du kannst zaubern

Ein weißes Blatt Papier,
ein Bleistift, Gedanken bei dir,
sitze ich am Fenster und höre,
was sich abspielt vor der Tür.

Okay, zugegeben, das ist Poesie für Fortgeschrittene. Zudem habe ich die Schwierigkeit erhöht, der abgedruckte Text entspricht nämlich nicht dem Originaltext. Ich hätte vielleicht ein wenig mehr Hilfestellung geben sollen: Übersetzt aus dem Kölschen ist das Ganze. Der poetischen Qualität des Textes tut das allerdings keinen Abbruch. Eigentlich heißt der Text *Do kanns zaubere* und ist von Wolfgang Niedeckens BAP. Und es gibt diese Worte auch *mit* Musik. Das empfehle ich denjenigen, die Probleme mit dem Auswendiglernen haben – einen iPod werden sie wohl noch bedienen können.

Ebenfalls nicht direkt als Poet bekannt ist auch F. W. Bernstein, unter bürgerlichem Namen einigen wenigen

Eingeweihten auch als Fritz Weigle ein Begriff. Bernstein gilt als ausgezeichneter Grafiker, Satiriker und Karikaturist, und warum das so ist, wird nach der Lektüre des folgenden, unbedingt empfehlenswerten Gedichts nachvollziehbar:

Die Schlafsolistin

Ich mach' es gern auf einem Lindenbaum,
im Klassenzimmer und im Kofferraum,
ich tu's, wenn's sein muß, auf der Straße und
in Chefetagen und im Untergrund —
an jedem Orte will ich's treiben;
doch nachts im Bett möchte ich alleine bleiben.

Ich mach' es oft auf einem Kirchenturm,
ich tu' es leidenschaftlich gern im Sturm,
im engen Taubenschlag, im Krönungssaal,
im Pförtnerhäuschen möcht' ich auch einmal —
an jedem Orte will ich's treiben;
doch nachts im Bett möcht' ich alleine bleiben.

Im Nebenzimmer, in der Eisenbahn,
im Kino hab' ich's öfter schon getan,
und auf dem Friedhof auch im offnen Grab,
wobei vor Lust ich mich gegruselt hab; —
auf Deinem Sofa werden wir's noch treiben;
doch nachts im Bett möcht' ich alleine bleiben.

Ich macht' es auch vor jeder Kamera

und im Konzert bei der Eroica,
im Beichtstuhl gar und selbst im Besenschrank,
vorm Kassenschalter in der Deutschen Bank,
der Lustgewinn laß ich aufs Konto schreiben;
doch nachts im Bett möchte ich alleine bleiben.

Auf Bahnsteig sieben mach' ich's liebend gern,
im Buch lieb' ich den Blauen Kammerherrn,
in echt tu' ich's auf dem Dreimeterbrett,
ich geige auch mit einem Streichquartett.
Am liebsten würd' ich's allerorten treiben.
Nur nachts! Im Bett! Möchte ich alleine bleiben.

Also raus!

Wenn das mal kein prima Schlusswort ist – ich wünsche viel Erfolg mit den angebotenen lyrischen Kleinoden.

POLITIK

VON WITWENMACHERN UND HAMMELSPRÜNGEN

Natürlich kennen Sie sich aus im modernen Leben. Trotzdem kann es nicht schaden, wenn ein paar Begriffe und Ereignisse aus der bunten, weiten Welt der Politik hier noch einmal kurz aufgefrischt werden.

»*Es gibt Politiker, die Angst haben, ihr Gesicht zu verlieren. Dabei könnte ihnen gar nichts Besseres passieren.*«

ROBERT LEMBKE

WAS WAR DOCH GLEICH ...
... DER HAMMELSPRUNG?

Den gibt es seit 1874. Und zwar nicht ausschließlich im landwirtschaftlichen Umfeld. Nein, so ein Hammelsprung gilt im deutschen Bundestag als zuverlässiger Abstimmungsmodus. Das läuft so: Normalerweise wird im Berliner Bundestag mit Handzeichen abgestimmt. Ist das Ergebnis nicht eindeutig, das heißt strittig, wird die Abstimmung wiederholt. Die Abgeordneten müssen dann entweder aufstehen oder sitzen bleiben, um ihre Stimme abzugeben. Bleibt das Resultat auch nach dieser turnerischen Grundübung unklar, müssen die gestressten Politiker richtig ran: Alle verlassen den Parlamentssaal und treten anschließend entweder durch die Ja-, Nein- oder Enthaltungs-Tür wieder ein. Aktives Stimmvieh sozusagen. So manches politische Schwergewicht hat sich schon Günter Jauchs *Wer-wird-Millionär*-Publikums-Abstimmungsmaschine nach Berlin gewünscht. Ein entsprechender Antrag auf einen elektrischen Helfer wurde jedoch schon 1874 abgelehnt, weil das angeblich nicht mit der Würde des hohen Hauses vereinbar sei. Wir leben in einer fremden, seltsamen Welt ...

... DIESES HARTZ IV?

Wer weiß noch, worauf dieser so populäre wie unschöne Begriff zurückgeht, der heute in aller Munde ist? Schröder war's. Der ehemalige Bundeskanzler (der mit den gefärbten Haaren, der jetzt für die Russen Gas verkauft) setzte 2002 eine Kommission zur »Verbesserung der Dienstleistungen am Arbeitsmarkt« ein. Deren Vorsitzender: Der damalige VW-Personalvorstand Peter Hartz. Heute ist der Begriff »Hartz IV« fälschlicherweise nur noch im Zusammenhang mit Arbeitslosengeld II und der Sozialhilfe geläufig. Der Treppenwitz dazu: Namensgeber

Peter Hartz ist im Januar 2007 wegen Untreue zu einer Bewährungsstrafe von zwei Jahren und einer Geldstrafe von 576.000 Euro verurteilt worden. Er hatte offenbar Bordellbesuche für den Betriebsrat aus der VW-Unternehmenskasse finanziert und dadurch 2,7 Millionen Euro verpim ... äh ... verplempert.

... DIE GUILLAUME-AFFÄRE?

Willy Brandt? Großer Staatsmann, Kanzler der Bundesrepublik in den siebziger Jahren, Deeskalations-Experte im Kalten Krieg. Klar, so weit bekannt. Wer aber erinnert sich noch daran, warum der gute Willy 1974 zurücktreten musste?

Antwort: Wegen seines persönlichen Referenten Günter Guillaume, den Brandt zwischen 1972 und 1974 im Bundeskanzleramt beschäftigte. Es stellte sich heraus, dass Guillaume (alias Günter Bröhl) nicht nur von Bonn bezahlt wurde, sondern dass er als Spion für Ostberlin, für die Ex-DDR gearbeitet hatte – er erhielt Einblicke in die wichtigsten Vorgänge der Bundesrepublik und war auch über das turbulente Privatleben Willy Brandts perfekt informiert. Amüsante Anekdote am Rande: Guillaumes erster Job in der Bundesrepublik nach seiner Übersiedlung in den »feindlichen Westen« war Kaffeebuden-Betreiber des Boom am Dom in Frankfurt am Main.

... EIN WITWENMACHER?

Bevor das bajuwarische Gesamtkunstwerk Franz Josef Strauß 1980 zum meistgehassten Kanzlerkandidaten der Bundesrepublik wurde, hatte er bereits einige Skandale überlebt. Den Starfighter-Zwischenfall zum Beispiel. 1958 bestellte er in seiner Eigenschaft als Verteidigungsminister beim amerikanischen Unternehmen Lockheed 700 schnittige Kampfflieger, bekannt unter dem Namen »Starfighter F-104«. Der Repräsentant des US-Herstellers Lockheed war ein guter Freund des bayrischen Alphagrumpfs: Ernest F. Hauser. Strauß bestellte die Starfighter (im Branchenspott »Schönwetterflieger«) eigenmächtig, ohne ihre Tauglichkeit für die deutsche Luftwaffe zu hinterfragen. Tatsächlich stürzten zahlreiche der 700 Starfighter ab. Die Boulevardpresse kreierte den unschönen, aber zutreffenden Begriff vom »Witwenmacher« – was sich auf den Starfighter, nicht auf Strauß bezog. Jedenfalls hauptsächlich. Außerdem zeigte der Bundesrechnungshof mit dem Finger auf Strauß, den vermeintlichen Milliarden-Verschleuderer. Und der Verdacht der Korruption wurde nie ganz ausgeräumt.

... DIE PLANSCHAFFÄRE?

Ex-Verteidigungsminister Rudolf Scharping konnte man während seines aktiven Wirkens in der Politik so manches nachsagen. Feines Gespür für die Wirkung seiner öffentlichen Auftritte gehörte nicht dazu. Der immer leicht bräsig wirkende Sozialdemokrat erlebte seine unfreiwillige mediale Sternstunde mitten in der Zeit der Balkankrise, als die Öffentlichkeit verbissen über den Einsatz der Bundeswehr in Mazedonien stritt. Der Verteidigungsminister meldete sich derweil via *Bunte* mit einer Urlaubsstory aus Mallorca zu Wort, im Hotelpool badend und mit seiner damaligen Freundin und jetzigen Ehefrau Kristina Gräfin von Pilati von Thassul zu Daxberg schnäbelnd. Dieser Auftritt wurde im ganzen Land entweder empört kommentiert oder spöttisch verlacht und ging als »Planschaffäre« in die Annalen deutscher Politiker-Ausfälle ein. Nach seiner Karriere als Volksvertreter wurde Scharping dann Präsident des Bundes Deutscher Radfahrer – und erntete selbst in dieser Eigenschaft als »Radel-Rudi« milden Spott.

HARALD SCHMIDTS ZEHN AMÜSANTESTE SPRÜCHE ÜBER DEUTSCHE POLITIKER

- »Silvana Koch-Mehrin soll bei ihrer Doktorarbeit abgeschrieben habe. Silvana Koch-Mehrin kennen Sie doch? Die Michelle Hunziker der FDP?«

- »Carla Bruni soll schwanger sein. Mein erster Gedanke war: ›Jetzt ist Berlusconi zu weit gegangen!‹«

- »Philipp Rösler soll neuer FDP-Vorsitzender werden. Er ist ja Arzt und kann sich bei den nächsten Umfragen für die FDP das Betäubungsmittel selbst verschreiben.«

- »Ein Riesenecho auf Guttenbergs Rücktritt. Als Gast bei Maischberger unterbrach Rudolf Scharping extra seinen Winterschlaf.«

- »Die Wulffs sind unser neues Glamour-Paar: Patchwork-Familie; sie ist tätowiert. Viele sagen gar nicht mehr die ›Wulffs‹, sondern die ›Assi-Guttenbergs‹.«

- »Der bayrische Ministerpräsident ist gegen Zuwanderung aus anderen Kulturkreisen. Dabei ist Seehofer doch aufgeschlossen gegenüber der arabischen Kultur – zumindest in Sachen Zweitfrau.«

- »Um Stimmen zu gewinnen, hat Jürgen Rüttgers eine sogenannte Kennenlern-Tour durch NRW veranstaltet. Experten sagen: Das war vielleicht der Fehler.«

- »3,5 Millionen Strafe für die FDP – wegen einer Affäre, damals noch mit Jürgen Möllemann. Das ist auch irgendwie hart. Die müssen zahlen und der eigentliche Schuldige hat rechtzeitig den Absprung geschafft.«

- »Kristina Köhler ist unsere neue Familienministerin. 32 Jahre! Das muss man sich mal vorstellen. Mit 32 Jahren war Angela Merkel noch Ossi!«

- »Die erste Kabinetts-Sitzung dauerte nur zwanzig Minuten. Oder wie Rainer Brüderle sagt: Eineinhalb Flaschen Rotwein.«

REISEN I

SO WERDEN SIE REISEWELTMEISTER
Man kann aus allem eine Disziplin machen, sogar aus dem Reisen. Im exklusiven Klub Most Traveled People geht es darum, die ganze Welt besucht zu haben. Noch hat es keiner geschafft. Falls Sie ein ausgesuchter Globetrotter sind: Wäre das kein feiner Anreiz?

»Reisen = Entdecken, dass alle unrecht haben mit dem, was sie über andere Länder denken.«
ALDOUS HUXLEY

ES GIBT NUR 194 NATIONEN auf der Welt. Zumindest sind so viele Länder völkerrechtlich anerkannt. Die Mitglieder des Klubs The Most Traveled People wären allerdings mit derart wenigen Destinationen auf ihrem Flipchart einen

Tick unterfordert. Sie haben die Welt eigenmächtig, aber demokratisch in 872 Länder, Orte und Regionen unterteilt, die man bereist haben sollte. Und der Wettbewerb um jeden einzelnen Länderpunkt läuft: Niemand aus dem elitären Klub, der sich in der Tradition von Jules Vernes *In achtzig Tagen um die Welt* versteht, hat das bislang geschafft. In Führung liegt im Moment (Stand: Dezember 2011) der Amerikaner Charles A. Veley mit stolzen 822 abgehakten Reisezielen. Aber selbst für ihn bleiben noch fünfzig weiße Flecken auf der Landkarte. Der beste Deutsche im Reisen-Sammeln stammt aus München und heißt Wolfgang Stoephasius. 664 der Orte, die auf der Liste des Klubs nachzulesen sind (http://mosttraveledpeople.com), hat er bereits bereist. Es empfiehlt sich also für den modernen Mann von heute, auch Mitglied bei dieser Vereinigung zu werden, selbst wenn man bisher außer Dänemark und Holland nicht viel kennt. Als Gesprächsthema und Matrize für ein Leben in der Business-Class dürfte die Erwähnung bei Most Traveled People in jedem Kontext Punkte machen.

Klubmitglied kann im Prinzip jeder werden, allerdings wird man erst ab hundert besuchten Destinationen als »Voting Member« für voll genommen. Der Klub MTP existiert seit 2005 und zählt inzwischen knapp 10.000 Mitglieder. Selbstverständlich gibt's bei MTP ein klares Ranking: Von der niedrigsten Stufe »Couch Potato« (1–24 besuchte Orte) kommt man über Kategorien wie »Tourist«, »Ambassador«, »Gold« und «Platinum« hinauf bis in die Königsklasse »Hall of Fame« (400 und mehr besuchte Orte). Das kostet nur ein wenig Zeit und Geld.

REISE II

DIE BLACK BOX TRÄGT NEUERDINGS ORANGE
Ein Mann von Welt ist auf der ganzen Welt zu Hause. Natürlich weiß er auch, mit welcher Airline er fliegt und wohin er besser gar nicht erst aufbricht. Einige Fakten und Geschichten rund ums Reisen.

»Als deutscher Tourist im Urlaub steht man immer vor der Frage, ob man sich anständig benehmen muss oder ob schon deutsche Touristen da gewesen sind.«
KURT TUCHOLSKY

AHA: Im Rahmen einer Umfrage des Reiseportals Trip Advisor wurde Brüssel zur langweiligsten Reisedestination Europas gewählt. Auf den nachfolgenden Plätzen, in dieser Reihenfolge: Zürich, Oslo, Warschau und Zagreb.

Amsterdam übrigens stand nie in dem Verdacht, besonders langweilig zu sein, im Gegenteil. Nicht nur, dass man dort in Coffeeshops legal bewusstseinserweiternde Substanzen erwerben kann, nein, seit einigen Jahren ist im Vondelpark im Süden der Stadt auch Sex unter freiem Himmel erlaubt. Kein Witz. Sofern man hinterher seinen Müll einsammelt und Abstand zu den Spielplätzen einhält, darf dort jeder treiben, was er möchte – allerdings nur in den Abend- und Nachtstunden.

Zu welcher Tageszeit die meisten Flugzeugabstürze passieren, wurde bislang zwar nicht statistisch erhoben, soviel ich weiß. Die Todesursache der meisten Opfer hingegen konnte bereits bestimmt werden: Mehr als fünfzig Prozent aller Pechvögel, die es nicht unversehrt zurück auf den Boden schaffen, werden weder zerfetzt noch auf eine andere spektakuläre Art und Weise aus dem Leben gerissen, sondern sterben an einer banalen Rauchvergiftung. Und noch ein unnützer Fakt für den Party-Smalltalk: Die so genannte Black Box, die im Anschluss an eine solche Katastrophe Aufschluss über Auslöser und Hintergrund geben soll, ist keineswegs schwarz, sondern leuchtend orange. Macht Sinn: Sie soll hinterher in den Trümmern des Fliegers leichter gefunden werden.

Bleiben wir noch kurz beim Thema. Dem Internetportal meinbilligflug.de verdanken wir profunde Kenntnisse in Sachen Flugsicherheit. Dort wird knallhart aufgelistet, welche Fluglinien sich in der Vergangenheit in Sachen Absturz besonders hervorgetan haben.

Hier die unschöne Top Ten (*Stand: Dezember 2011*):

1. Garuda Indonesia (13 Flugzeugverluste seit 1973)
2. Turkish Airlines (10 Flugzeugverluste)
3. Thai Airways International (8 Flugzeugverluste seit 1973)
4. China Airlines (8 Flugzeugverluste seit 1973)
5. Air India (4 Flugzeugverluste seit 1973)
6. Saudi Arabian Airlines (4 Flugzeugverluste seit 1973)
7. China Southern Airlines (4 Flugzeugverluste seit 1973)
8. Korean Air (3 Flugzeugverluste seit 1973)
9. Air China (3 Flugzeugverluste seit 1973)
10. Gulf Air (3 Flugzeugverluste seit 1973)

Übrigens existiert auch eine offizielle schwarze Liste der Europäischen Kommission für Verkehr, in der alle Fluggesellschaften aufgeführt sind, die in Europa nicht operieren dürfen. Falls Sie also gewisse Zweifel haben, ob Ihre Airline für den nächsten Asien- oder Afrika-Aufenthalt sicher ist, dann wird Ihnen dort geholfen.

Ich möchte Sie natürlich nicht mit einem unguten Gefühl in den nächsten Urlaub starten lassen. Drum zum Abschluss dieses unerfreulichen Themenkomplexes eine Liste mit den sichersten Fluggesellschaften der Welt. Sie wurde vom deutschen Unfalluntersuchungsbüros JACDEC erstellt (*Stand: Februar 2012*):

1. All Nippon Airways
2. Finnair
3. Cathay Pacific Airways
4. Etihad Airways
5. Hainan Airlines
6. JetBlue Airways
7. Emirates
8. Virgin Blue
9. Air Berlin
10. Air New Zealand

HAWAII GILT BEKANNTLICH unter Surfern und Sonnenanbetern in aller Welt als Traumziel. Ich möchte Ihnen das im Prinzip auch nicht verleiden. Falls Ihnen aber jemand irgendwann vorschlägt, eine Reise zum Mount Waialeale auf der Hawaii-Insel Kauai anzutreten, muss ich dringend abraten: Es handelt sich um den regenreichsten Ort der Welt, bis zu 12.700 mm Niederschlag pro Jahr werden dort gemessen. Und Sie dachten, Bielefeld sei schlimm ...

FALLS SIE BEI DER PLANUNG einer Städtereise auf Ihr Reisebudget achten müssen, hätte ich noch einige andere No-Gos für Sie in petto: Die Unternehmensberatung Mercer erstellt jährlich eine Liste mit den teuersten Metropolen der Welt, insgesamt werden 143 Städte rund um den Globus getestet.

Unangefochtener Sieger: Moskau. Die russische Hauptstadt sei etwa dreimal so teuer wie die billigste Stadt dieser Rangliste, das paraguayische Asunción. Mercer verglich für die Untersuchung mehr als 200 Posten aus allen Bereichen des menschlichen Universums.

In den Top Ten finden sich ausschließlich europäische und asiatische Städte. Auf den Plätzen zwei und drei finden sich Tokio und London. Überraschend: Platz vier wird vom norwegischen Oslo eingenommen. Die teuerste deutsche Stadt ist demnach München (37), knapp gefolgt von Berlin auf Platz 38.

KOMMEN WIR ZU DEN NÄCHSTEN unschönen Superlativen: Im Rahmen der internationalen Studie Risk Map wurden im November wieder die gefährlichsten Länder der Welt aufgelistet. Unangefochtener Spitzenreiter und damit für eine Lustreise wirklich nicht zu empfehlen ist Somalia, allerdings dicht gefolgt von Afghanistan. Die Risk Map klassifiziert die Länder der Erde in fünf Risikostufen: unerheblich, niedrig, mittel, hoch und extrem.

Ermittelt wird das Sicherheitsrisiko auf Grundlage mehrerer Faktoren. Dazu gehören zum Beispiel die Anzahl von Diebstählen und Entführungen oder auch die Gefahr von Terroranschlägen. Ein extrem hohes Risiko gelte auch für Ostkongo, Sudan und Tschad. In Südamerika stehen vor allem Mexiko und Venezuela aufgrund der unzähligen Entführungen auf der Liste, wobei in dieser Disziplin Nigeria weltweit die höchste Fallquote aufweist.

Wie zu erwarten ist die Lage in Europa eher entspannt. Nur in Teilen Süditaliens und in einigen Großstädten Griechenlands wird das Sicherheitsrisiko als »mittel« eingestuft.

JETZT IST ES ABER WIRKLICH an der Zeit, an dieser Stelle zur Abwechslung mal etwas Lebensfreude zu vermitteln: Mit grandiosen Insel-Destinationen zum Beispiel. Wer möchte nicht von sich behaupten können, die zehn schönsten Inseln der Welt bereist zu haben? Klar könnte man hergehen und diese Inseln selbst nominieren, doch warum sich die Mühe machen, wenn die fachkundigen Redakteure des Reisemagazins *Travel + Leisure* das alljährlich für uns übernehmen?

So sieht sie aus, die Bestenliste des Jahres 2011:

1. Santorin (Griechenland)
2. Bali (Indonesien)
3. Kap-Breton-Insel (Kanada)
4. Boracay (Philippinen)
5. Die Inseln des Great Barrier Reef (Australien)
6. Sizilien (Italien)
7. Big Island (Hawaii)
8. Kauai (Hawaii)
9. Maui (Hawaii)
10. Galápagos-Inseln (Ecuador)

HABEN SIE SICH schon einmal gefragt, ob Sie als Deutscher überall in Europa willkommen sind? Nun, Sie brauchen keine Angst zu haben. So schlecht wie Sie vielleicht glauben, ist das Image der Deutschen gar nicht. Das ergab das jährliche Best-Tourist-Ranking des Online-Reiseportals Expedia in Zusammenarbeit mit TNS Infratest. Mehr als 4500 Hotelmanager auf der ganzen Welt wurden zuletzt 2009 zum Verhalten von Touristen aus 27 Ländern befragt.

Aus den Einzelwertungen in insgesamt neun Kategorien (etwa zu den Themen Höflichkeit, Kleidungsstil und Ordnung) ergab sich das untenstehende Gesamtranking.

Fast hätten wir es sogar aufs Treppchen geschafft, aber Japaner, Briten (?) und Kanadier kamen doch besser weg. Kleine Anmerkung am Rande: Der russische Tourist taucht auf der Liste nicht einmal auf – ein Akt milder Höflichkeit?

Die beliebtesten Touristen sind:

1. Japaner
2. Briten
3. Kanadier
4. Deutsche
5. Schweizer
6. Niederländer / Australier
7. Schweden / US-Amerikaner
8. Dänen / Norweger / Finnen / Belgier
9. Österreicher / Neuseeländer
10. Thailänder
11. Portugiesen / Tschechen
12. Italiener / Iren / Brasilianer
13. Polen / Südafrikaner
14. Türken / Griechen
15. Spanier
16. Franzosen

MORAL

DIE PUFF-LÜGE

Ein paar Sätze über ein Geschäft, das Millionen bewegt und eine Moral, die Männer beschämt. Sowie einige Hinweise dazu, wie man sich an einem solchen Ort benimmt, gibt's natürlich obendrauf.

»Gefängnisse werden aus den Steinen der Gesetze errichtet, Bordelle aus den Ziegeln der Religion.«

WILLIAM BLAKE

ENTSCHULDIGEN SIE, dass ich nicht mit aktuellen Zahlen aufwarten kann, aber meine Kontakte zum Rotlichtmilieu sind ausbaufähig. Und Behörden brauchen immer so lange, bis sie die neuesten Entwicklungen in Fakten zum Ausdruck bringen können. Viel dürfte sich in den letzten vier bis fünf Jahren jedoch ohnehin nicht verändert haben: Laut Verdi gab es im Jahr 2008 rund 400.000 Sexverkäuferinnen in Deutschland; jeden Tag kommt es demzufolge zu ungefähr einer Million verabredeter Sexkontakte. Der deutsche Bundesrechnungshof schätzt den jährlichen Umsatz der Liebesdienerinnen auf ungefähr sieben Milliarden Euro. Sagen Sie es noch einmal laut: Sieben Milliarden Euro!

Es wird also kommerziell gevögelt, dass die Schwarten krachen. Wie passt das zur typischen öffentlichen Selbstdarstellung von Männern, die zu gefühlten 99 Prozent weit von sich weisen, Prostituierte zu besuchen? Wer legt die sieben Milliarden Euro auf die Nachttischchen der Stundenhotels? Haben sich das all die Verlierer und Perversen aus dem Sparstrumpf gezogen, die bekanntermaßen die Einzigen sind, die regelmäßig mit Freudenmädchen verkehren?

Selbst der Umstand, dass hin und wieder ein paar Promis dabei erwischt werden, wie sie sich das Spektakel für »untenrum« etwas kosten lassen, führte bislang nicht dazu, dass sich deutlich mehr Männer als Bordellfreunde zu erkennen geben. Die Reaktionen auf die Enthüllungen solcher »Einzelfälle« erscheinen so verräterisch wie verlogen: Der halbe Vorstand von VW unterhält Beziehungen zu brasilianischen Huren und bumst sich auf verschwenderischen Lustreisen durch die Welt? *Was für eine Schweinebande!* Hugh Grant lässt sich in Los Angeles dabei erwischen, wie er es sich von einem maskulinen *working girl* oral besorgen lässt? *Ein Einzelfall!* Der bereits schwer erkrankte Malerfürst Immendorf bestellte sich zu Kokainpartys gleich mehrere Lustmädchen ins Atelier? *Das traurige Aufbegehren eines aus der Bahn geworfenen Bohemiens!*

Es gibt ja inzwischen viele dieser öffentlich bekannt gewordenen Sündenfälle. Ottfried Fischer zum Beispiel ließ sich von Huren einseifen und leistete via *BILD* Abbitte, auch ZDF-Sportreporter Töpperwien geriet vor Jahren mit astronomisch hohen Bordellrechnungen ins Visier der Öffentlichkeit; Dampfplauderer Michael Friedmann erwischte man mit Drogen und osteuropäischen Liebesdienerinnen im Hotel, die Herren Arnold Schwarzenegger, Brad Pitt, Jean-Claude Van Damme und Jack Nicholson sollen, so ist in einem Buch mit dem Namen *Hooking Up* nachzulesen, sogar alle bei ein und derselben Dame eingekehrt sein, einer gewissen Madame Olivia aus Los Angeles. Und Charlie Sheen haben seine alkoholisierten Ausflüge mit einer ganzen Nutten-Armada letztendlich seinen Job in *Two and a Half Men* gekostet.

Dass der Gang zum Freudenmädchen in unserer Gesellschaft so normal geworden ist wie der Besuch beim Physiotherapeuten oder die Anschaffung einer Heimsauna wird zwar flächendeckend wahrgenommen, aber nicht groß thematisiert, eher fast schon verdrängt. Darunter leidet natürlich auch die Diskussion darüber, warum Männer eigentlich so zahlreich Freudenhäuser aufsuchen – sogar solche, die in einer festen Beziehung leben und sich rein theoretisch nicht über Unterbetrieb im Schlafzimmer beschweren dürften. Natürlich gibt es das Klischee, welches besagt, dass sich viele Männer bei Prostituierten das holen, was sie zu Hause im Schlafzimmer nicht bekommen – aus welchem Grund auch immer. Die Petersburger Schlittenfahrt zum Beispiel, Sex mit einer Frau, die sich einen Schulranzen umschnallt oder ein paar Schläge mit der Neunschwänzigen auf den nackten Hintern. Bitteschön. Soll es geben, ist ja in Ordnung.

Interessanter aber erscheint mir das, was John Irving vor einigen Jahren in einem Interview mit der ZEIT beschrieb, da es vermutlich auf mehr Männer zutrifft als Frauen geneigt sind zu glauben. Doch, doch, wir reden hier über den amerikanischen Bestsellerautor, dem Sie vermutlich eine Spur mehr Lebensweisheit zutrauen als dem Schreiber dieses Buches, weil Sie dessen grandiose Romane kennen und schätzen. Er gab auf die Frage, ob er es als erniedrigend empfinde, wenn ein Mann es nötig habe, für Sex zu bezahlen, folgende Antwort: »Das ist doch keine Schande. Wir zahlen für viele Sachen. Manche Leute mähen ihren Rasen selbst. Andere bezahlen jemanden, der das für sie macht. Ich nehme an, es gibt auch Leute, die halten es für eine Schande, dass es Leute gibt, die zu faul sind, ihren eigenen Rasen zu mähen. Ich war schon immer der Meinung, dass Prostitution eine gute Lösung für Männer ist, die Probleme mit der Treue haben und sich selbst in eine verzwickte Lage gebracht haben, weil sie eine Ehefrau und eine Freundin haben. Huren halten Männern, die es nach Sex mit mehreren oder neuen Partnern verlangt, davon ab, sich den Rest ihres Lebens zu verbauen. Ich denke, das ist eine ehrliche Sache.«

Pragmatischer und geheimnisloser als Sie dachten, nicht wahr? Noch schnöder formuliert der französische Schriftsteller Michel Houellebecq sein Plädoyer für den Kaufsex: »Heutzutage eine Frau anzumachen, die man nicht kennt, und mit ihr zu schlafen, bringt alle möglichen Demütigungen und Probleme mit sich. Wenn du nur an die langen, öden Gespräche denkst, auf die du dich einlassen musst, um eine Frau rumzukriegen, mit dir ins Bett zu gehen, und die sich dann noch in den meisten Fällen als Null im Bett herausstellt, die dich mit ihren Problemen nervt und dir von ihren ehemaligen Typen erzählt – und dir so ganz nebenbei den Eindruck vermittelt, dass du es mit ihnen nicht aufnehmen kannst, aber natürlich trotzdem darauf drängt, dass du wenigstens den Rest der Nacht mit ihr verbringen musst – dann kann man leicht verstehen, dass sich die Männer eine Menge Sorgen ersparen und dafür etwas Geld bezahlen.«

Gut, das war jetzt provokant und ein wenig frauenfeindlich. Aber es gibt Männer da draußen, die genau so denken. *Don't kill the messenger.*

Natürlich gibt es auch Männer wie den deutschen Dichter Wolf Wondratschek, die das Bordell als das Mekka erotischer Möglichkeiten begreifen, und die nicht aus desillusioniertem Pragmatismus, sondern in der blühenden Hoffnung auf Exotik und eine Art erotischem Abenteuerland im Bordell landen. Einst schrieb er das *Loblied auf eine Hure* und konstatierte Domenica, der ehemals berühmtesten Hure Deutschlands, sie verfüge über »Freude & Frömmigkeit« und dass sie »zwischen den Beinen glüht.« Domenica übrigens war über das dichterische Lendenfieber nicht amüsiert, konnte man nachlesen.

Wie dem auch sei: Huren, Dirnen, Freudenmädchen oder Nutten, egal wie man sie nennen möchte, gehören zu einem florierenden Dienstleistungsgewerbe in Deutschland, das nicht auszusterben droht, weil es einen großen Markt dafür gibt. Sollten Männer nun offener darüber sprechen, dass sie tatsächlich hin und wieder ins Bordell gehen? Auch diejenigen, die in einer festen Partnerschaft leben, nur um der Wahrheit willen? Schwierige Frage. Vielleicht hat Voltaire ja recht, der zu folgender Einsicht gelangte: »Alles was du sagst, sollte wahr sein. Aber nicht alles, was wahr ist, solltest du auch sagen.«

Schon der allein lebende Mann hat Probleme damit, gelegentliche Besuche in Freudenhäusern einzugestehen. Anders als in der Antike zum Beispiel, als ein Besuch bei Hetären ein gesellschaftlich durchaus akzeptiertes Freizeitvergnügen darstellte, ist er heute mit dem Stigma der Optionslosigkeit gebrandmarkt: »Hast du das nötig?«, ist die erste Frage, die einem freimütigen Puffgänger gestellt wird. Und nur die wenigsten Freier antworten daraufhin selbstbewusst mit einer Gegenfrage: »Kannst du es dir wirklich erlauben, auf diese herrlich-vielfältigen erotischen Varianten zu verzichten?«

Lebt ein Mann allerdings in einer festen Beziehung, die ganz selbstverständlich monogam angelegt worden ist, dann befindet er sich gleich aus zwei Gründen in einer Zwickmühle: Er muss sich zum einen überlegen, ob es nicht ein schlechtes Zeichen ist, wenn sich seine sexuellen Bedürfnisse innerhalb seiner Liebesbeziehung nicht ausleben lassen. Zum anderen schleppt er in der Regel auch ein schlechtes Gewissen mit sich herum, weil er seiner Partnerin – vorausgesetzt, an der Beziehung hat er grundsätzlich nichts auszusetzen und möchte an ihr festhalten – nicht die Wahrheit über seine erotischen Auswärtspartien sagen kann. Auch der Hinweis: »Es geht doch nur um Sex« wird von der Gegenseite gerne gekontert mit: »Was heißt denn, *nur* um Sex?« und führt selten zum gewünschten Ergebnis.

Es lässt sich eben nicht bestimmen, wieviel Seele und Persönlichkeit beim Sex mit Fremden mitmischen, selbst für solchen, für den man bezahlt. Interessant ist in diesem Zusammenhang das Ergebnis einer Untersuchung der Gender-Forscherin Sabine Grenz von der Humboldt-Universität Berlin, die sie unter dem Titel *(Un)heimliche Lust* veröffentlichte. Grenz fand heraus, dass Männer Sex nicht losgelöst von sozialen Kontexten sehen können. »Es geht Freiern auch um ihre Identität als Mann, und dazu gehört heute auch, dass der Sex der Frau gefällt. Dann empfinden sie sich erst als potent.« Wem seine Beziehung lieb und teuer ist und sich trotzdem hin und wieder im Bordell vergnügt, ist also gut beraten, das nicht an die große Glocke zu hängen. Es ist eine Sache, ehrlich und tolerant sein zu wollen und für seine Neigungen einzustehen, aber eine ganz andere, mit den unwillkommenen innerpartnerschaftlichen Nebenwirkungen dieser Rezeptur ruhig schlafen zu können.

Ich empfehle daher, einfach den Mund zu halten und zu genießen. Es mag ja mannhaft sein und konsequent, Ihrer Partnerin von den gelegentlichen Ausflügen in die Lusttempel moderner Hetären zu erzählen, jedoch riskieren Sie damit ohne Not die Balance Ihrer Beziehung. Selbst in den so genannten offenen Beziehungen führen allzu offenherzige Beichten zumeist zu hässlichen Auseinandersetzungen, weil es eben zwei ganz unterschiedliche Dinge sind, Toleranz zu predigen und sie dann auch zu leben. Dabei ist ein Puffbesuch die ganze Aufregung doch kaum wert: Jeder Mann mit einschlägigen Erfahrungen weiß, dass es im Bordell zuallerletzt um Emotionen geht. Dort findet man in der Regel nichts von dem, was man an seiner innigen emotionalen Lebensgemeinschaft schätzt. Nur etwas seelenlosen Sex mit einem fremden Körper. (Aber unterschätzen Sie das nicht!)

Ich halte es nicht einmal für eine gute Idee, mit Ihren männlichen Freunden über Ihre gelegentlichen Besuche bei Prostituierten zu sprechen. Ich finde es nur dann gerechtfertigt, wenn Sie sich deswegen Vorwürfe machen und dringend eine dritte Meinung hören wollen – Ihr Gewissen und Ihr Schwanz haben schließlich bereits Ihre Stimme abgegeben. Achten Sie aber darauf, wem Sie von Ihren sexuellen Husarenritten erzählen. Wenn Sie nicht wollen, dass Sie sich zukünftig vor Gott und seinen Abgesandten auf der Erde für Ihren Lebenswandel rechtfertigen müssen, dann suchen Sie sich Ihre Vertrauten besser sehr sorgfältig aus. Noch einmal: Es geht nicht darum, dass Sie sich schlecht fühlen sollten. Doch die Bigotterie in unserer Gesellschaft hat eine recht potente Marketingabteilung und suggeriert wankelmütigen »Sündern« eben immer noch viel zu oft, dass sie sich auf dem Holzweg befinden, jedes Mal wenn sie sich ein wenig erotische Erleichterung verschaffen.

Geht es allerdings nur darum, mit Ihren Leistungen hinter verschlossenen Bordelltüren zu prahlen wie zehn nackte schwarz-afrikanische Mitbürger, dann halten Sie besser den Rand und verschonen Sie Freunde und Bekannte von Ihren Heldentaten. Es ist nun wirklich nichts besonders Heldenhaftes daran, für Sex zu bezahlen, und niemandem wird es gelingen, auf der Matratze eines Bordells ein grandioser Liebhaber und ein feiner Mensch zu werden. Sex mit einer Hure ist eine mögliche Variante, seine erotischen Bedürfnisse auszuleben, und nicht einmal eine besonders verdienstvolle.

Das heißt nicht, dass Sie auf die Freudenmädchen Ihrer Wahl herabblicken sollten. Behandeln Sie Prostituierte wie Leute, denen Sie eine Küche oder einen gebrauchten Wagen abkaufen wollen: mit professioneller Distanz und Respekt, höflich und freundlich, eben so, wie Sie auch gerne behandelt werden möchten. Sie müssen ja nicht gleich so weit gehen wie Nietzsche, der seine Zeitgenossen mit folgendem Zitat provozierte: »Die Huren sind ehrlich und tun, was ihnen lieb ist, und ruinieren nicht den Mann durch das Band der Ehe.« Sie müssen ihr nicht *huldigen*. Es reicht schon, wenn Sie die Frau nicht verachten, die Ihnen ihren Körper vermietet. Denken Sie mal von der anderen Seite her: Sie macht in diesem Moment dasselbe wie Sie, nämlich Sex mit einem Fremden, nur wird *sie* wenigstens anständig dafür bezahlt. Es ist möglicherweise nur Ihre eigene fehlende Selbstachtung, die Sie im Umgang mit der Dame blockiert und ein wenig respektlos erscheinen lässt. Stellen Sie das ab. Machen Sie sich klar, dass Sie der Gang in ein Bordell nicht kleiner macht, Sie haben ein Recht darauf, Ihre Bedürfnisse auszuleben. Aber seien Sie den Damen bitte auch dankbar, dass sie genau das möglich machen.

»Alles« ist übrigens nur bei den wenigsten Damen zu haben, auch Prostituierte kennen Tabus: In einem Bordell gibt es Frauen, die bestimmte sexuelle Dienstleistungen anbieten. In der Regel *safe* und klar umrissen. Gewisse Praktiken kosten eine gewisse Summe, fertig ist die Laube. Gewisse andere Praktiken sind entweder teurer oder gar nicht erst im Angebot. Am besten man bespricht das vorher mit der Dame, bevor man es sich auf dem Bett gemütlich macht. Ist man sich handelseinig geworden, sollte man den Status Quo der Geschäftsverbindung respektieren. Nach der Möglichkeit kondomfreien Verkehrs zu fragen etwa, heißt nichts anderes, als die Dame zu bitten, ein großes gesundheitliches Risiko einzugehen. Abgesehen davon, dass sich die eigene Dummheit durch solch eine Bitte offenbart. Selbst dann, wenn Sie Ihren Geldbeutel weit öffnen und eine Frau dazu überredet haben, Dinge mit sich machen zu lassen, die sie *eigentlich* nicht tun will, wird das erotische Erlebnis nicht sonderlich erfreulich sein. Suchen Sie sich also eine Dame, die gut zu Ihren persönlichen Vorlieben passt. Und zwar Ihren sexuellen Vorlieben. Das ist ein Puff, kein Heiratsmarkt.

Verlieben Sie sich also besser nicht in Ihre Buhlschaft. Sie machen sich lächerlich und arm zugleich. In 999 von tausend Fällen ist die Zuneigung einer Prostituierten zu ihrem Gast, dem Freier, nur ein smartes strategisches Investment. Frauen, die eine professionelle Einstellung zu ihrem Gewerbe haben, verstehen es, einen sehr großen Abstand zwischen dem, was sie da professionell treiben, und ihrer Privatsphäre zu wahren. Und das ist auch gut so, denn mit emotionaler Anteilnahme lassen sich sieben nackte Männer aufwärts in einer Nacht kaum bewältigen. Das geht nur mit guter Technik und professioneller Distanz. Freundlich und verständnisvoll zu sein, gehört bei den meisten – und *allen* erfolgreichen – Dirnen zur Berufsbeschreibung. Gibt man Männern nun noch das Gefühl, ganz besonders einfühlsam, potent oder smart zu sein, fühlen diese sich gleich besser – obwohl sie für dieses Gefühl bezahlen. Das wirkt sich dann wiederum auf die weitere Geschäftsbeziehung aus, sofern auch der sexuelle Teil der Dienstleistung gefällt. Das heißt: Große Trinkgelder, Nachfolgebesuche – und manchmal sogar der Frontalangriff auf das Sparkonto des Freiers, wenn ebenjener irgendwann nicht mehr realisiert, dass die Leidenschaft der jungen Dame keineswegs persönlich gemeint ist. Wie lautet dieses alte deutsche Sprichwort doch gleich: »Kommt die Hure ans Herz, kommt sie auch ans Säckel.«

GOURMET

ESSEN IM ABENTEUERLAND
Gutes Essen muss nicht billig sein. Hin und wieder empfiehlt es sich für einen Mann mit Stil, ein Restaurant aufzusuchen, in dem die Gerichte nicht auf Fotos vorgestellt werden. Im Folgenden zehn ungewöhnliche Vorschläge.

»Als bekennender Gourmet schätze ich bei IKEA
natürlich die Hackfleischbällchen.«
NICK HEIDFELD

1.
Haben Sie schon einmal vom perfekten Restaurant geträumt? Einem Ort, an dem interessante Menschen verkehren, das vorzüglichste Essen und die besten Weine angeboten werden und sich trotzdem alles so anfühlt, als sei

man bei guten Freunden zum Barbecue geladen? Es ist nicht überliefert, wie der amerikanische Präsident Barack Obama seine Frau Michelle charmierte und was die heutige First Lady der USA an diesem Abend trug, doch der Ort, an dem sich die Obamas nach ihrem Amtsantritt zu ihrem ersten Date außerhalb Washingtons trafen, ist *confirmed*: Es handelt sich um das Blue Hill Restaurant in Greenwich Village zu New York. Ein Spitzenrestaurant im Gewand eines umgebauten Hühnerstalls. Es wird von Dan Barber geführt, einem der maßgeblichen Nachhaltigkeits-Propheten der internationalen Gourmetszene – einem Mann, der weiß, wie man eine Weinkarte zusammenstellt, und der vom US-Magazin *Times* zu den hundert einflussreichsten Männern Amerikas gezählt wurde. Versuchen Sie besser, schon ein paar Monate vor Ihrem Reisetermin einen Tisch zu bekommen, aber bitte versuchen Sie es. Sie werden sich noch sehr lange daran erinnern.

2.

Kobe Rind? Austern? Koi-Karpfen? Können Sie alles knicken. Wer *wirklich* einmal verwegen speisen möchte, der sollte sich auf den Weg zum teuersten Burger der Welt machen. Zugegeben, das ist nicht gerade ein Lockangebot: Der teuerste Burger der Welt wird – jedenfalls so weit ich das weiß – im australischen Outback angeboten. Genauer gesagt in Birdsville. Schon für schlanke 600 australische Dollar darf man dort seinen Kiefer in ein unverschämt teures Hackfleischbrötchen wuchten und dann unbedingt versuchen, jeden einzelnen Bissen zu genießen. Was ist nun das Geheimnis dieser Götterspeise? Eine seltene Rinderart, die nur in Birdsville gezüchtet wird, ein Wundersoßenrezept von Oma Miller, hinter dem die ganze Welt her ist? Mitnichten: Es ist das smarte Werbekonzept von Outback Airtours im nahe gelegenen Charleville, das vorsieht, interessierte Touristen umsonst nach Birdsville auszufliegen, Besichtigungsrunde inklusive. Vegetarier brauchen gar nicht erst darüber nachzudenken, der teure Hamburger ist fester (kostenpflichtiger) Bestandteil dieses merkwürdigen Reiseangebots. Übrigens: Wenn sich vier Hamburger-Gourmets zusammentun und einen Flieger buchen, dann gibt's das Luxusbrötchen billiger: für alberne 150 Dollar nämlich. Guten Appetit.

3.

Schon mal über den Wolken gegessen? Nein, nicht die pappigen Menüs aus der Kunststoffbox im Flieger. Und auch das meist eher durchschnittliche Küchenspektakel in den Fernsehtürmen rund um die Welt ist nicht gemeint. Nein. Als der französische drei-Michelin-Sterne-Koch Alain Passard 2009 begann, seine Gäste fünfzig Meter über dem Erdboden mit atemberaubendem Blick auf die Kathedrale von Amiens zu bekochen, hat sich das *Dinner in the Sky* – drei Jahre später auch in fünf deutschen Städten – als Top-Erlebnis-Event etabliert. *Forbes* zählt das Ganze zu den zehn extravagantesten Restaurants der Welt. Und wie funktioniert das nun? Es handelt sich um ein schwebendes Restaurant, das von einem mobilen Kran in fünfzig Meter Höhe gezogen wird, Windschlenker und Aussicht inklusive. Dazu werden die außergewöhnlichsten Mahlzeiten serviert – beim Dinner in the Sky sitzen 22 Personen um einen Tisch, drei Mitarbeiter (Koch und Kellner) kümmern sich um die Wünsche der Gäste. Schräg? Unbedingt. Teuer? Nun – 169 Euro für ein Drei-Gänge-Menü im Himmel. Das klingt korrekt. Sicher? Sicher. Der Tisch des Dinner in the Sky ist nach DIN-Norm und unter Aufsicht den TÜV Rheinland konzipiert worden.

4.

Das Wichtigste zuerst: Die Kasse zahlt nichts. Obwohl man schon ein bisschen krank sein muss, um ausgerechnet hier essen zu wollen. Im Aurum in Singapur hocken die Gäste an OP-Tischen und zerlegen ihren Braten mit Instrumenten, die normalerweise für Blinddarm und Krampfader vorgesehen sind. Eklig? Geschmacklos? Irre? Von allem ein wenig – aber auch auf eine morbide Weise interessant. Die Speisekarte erinnert an ein Röntgenbild und was dann am Ende auf dem Tisch landet, könnte tatsächlich aus einem Labor stammen.

Tut es aber nicht, und nun sind wir bei den guten Nachrichten: Hier wird Molekularküche im Stil des spanischen Meisterkochs Ferran Adrià serviert, mit anderen Worten gezaubert: Schäume und Gelees aus Gemüse, heißes »Eis«, das beim Abkühlen im Mund schmilzt, Bonbons aus Olivenöl oder »Kaviar« aus Melonen. Nach dem exotischen 13-Gänge-Menü kann man gleich tanzen gehen – schwer im Magen liegt die Molekularküche nicht. Das Aurum befindet sich auf einem ehemaligen Fabrikgelände am Clarke Quay, ein Komplex aus Bars und Restaurants, der von Damien Hirst gestaltet wurde, dem britischen

Künstler und Bürgerschreck, zu dessen bekanntesten Kunstwerken in Formaldehyd eingelegte Tierkörper gehören. Was ja irgendwie auch zum »Aurum« passt.

5.

Das »beste Restaurant der Welt« hätte man sich vermutlich etwas anders vorgestellt. Pompöser. Eitler. Aufdringlicher. Doch das Kopenhagener noma, ein umgebautes Schiffslagerhaus aus dem 18. Jahrhundert, ist geradezu penibel darauf bedacht, keinen abgehobenen Eindruck zu vermitteln. Niemand soll Schwellenängste haben, findet Chefkoch Redzepi, den wir an anderer Stelle dieses Buches bereits vorgestellt haben.

In seinem Restaurant geht es ums Essen – und um Nachhaltigkeit. Im noma kommen nordische Spezialitäten auf den Tisch, man setzt dabei auf saisonale und regionale Produkte – ausschließlich. Und nicht nur alltägliche Zutaten sind hier im Spiel, auch Moose, Flechten, Schnecken, Sanddorn oder Wildkräuter landen auf dem Teller. Wer nun glaubt, die Kopenhagener spinnen und haben sich das mit dem besten Restaurant der Welt selbst ausgedacht: Stimmt nicht. Das noma wurde 2011 zum zweiten Mal hintereinander von 800 internationalen Kritikern und Fachleuten für das *Restaurant Magazine* gewählt. Von Profis. Aber noch einmal zurück zu den Schwellenängsten: Angeblich wartet man auf einen Tisch im noma etwa drei Monate, eher mehr. Falls Sie also 2013 einen Trip nach Kopenhagen planen – den Flug können Sie immer noch buchen. Den Tisch im noma hingegen sollten Sie sich schon heute sichern.

6.
Natürlich könnte man auch ins Adlon gehen, wenn man in Berlin angemessen speisen möchte. Oder in die hohen Hallen des Borchardts, das zu Zeiten der DDR noch als Diskothek genutzt wurde (durchaus passend, wenn man das tägliche Star-Bling-Bling dort drinnen mal erlebt hat). Ich empfehle trotzdem eher das Grill Royal in der Friedrichstraße. Es strahlt genau die Art B-Promiluxus aus, die der Uelzener oder Recklinghausener Besucher von einem glamourösen Hauptstadt-Imbiss erwartet – das Royal ist einfach schamloser und passt zu Berlin. Außerdem gibt es hier kein unterportioniertes Chi Chi auf den Teller, sondern ein ordentliches Steak. Wenn auch zu interessanten Preisen.

In einem Artikel des *World's Luxury Guide* wird erwähnt, dass Boris Becker und Penelope Cruz schon im Grill Royal gewesen seien, vermutlich ist das als Empfehlung gedacht. In Wahrheit sind eher Willi Herren oder DJ Bobo am Nebentisch zu erwarten. Wobei: Versuchen Sie rechtzeitig, überhaupt einen Tisch zu bekommen. Im Sommer ist vor allem die Terrasse mit Blick auf die Spree sehr begehrt. Was ich verstehe. Dort sitzt es sich wirklich prima. Ohne Witz.

7.
Haben Sie Lust auf 29 verschiedene Mineralwasser (zur Auswahl, nicht zum wegtrinken)? Oder auf 53.000 Flaschen feinste Tropfen aus dem hauseigenen Weinkeller? Wie wäre es außerdem mit vergoldeten Tellern und ebensolchem Besteck? Dazu ein atemberaubender Blick über

eine wunderschöne Stadt? Nun gut, Sie sind ein Liebhaber der alten Schule, mit Steaks und Essen an OP-Tischen brauche ich Ihnen nicht zu kommen. In diesem Fall kann ich Ihnen das La Pergola in Rom ruhigen Gewissens ans Herz legen. Es gehört zur Waldorf-Astoria-Hotelkette, was leider immer ein wenig unglamourös klingt, nach einem soliden, aber wenig speziellen Hotelimbiss. In diesem Fall trifft dieses Vorurteil sicher nicht zu. Das Pergola freut sich über drei Michelin-Sterne – und ist damit das einzige Restaurant in Rom mit dieser Auszeichnung. Was das Ambiente angeht, erwarten Sie besser keine großen Überraschungen – falls Sie in Salem erzogen wurden und in Oxford studiert haben, dürften Sie mit dieser speziellen Atmosphäre, einer Mischung aus englischer Klubnoblesse und musealem Reichtum, vertraut sein: Im Pergola sind sie umgeben von seltenen Aubusson-Teppichen und Bronze-Leuchtern aus dem 18. Jahrhundert, von einer Sammlung mundgeblasener Glaskunst von Émile Gallé oder einer imposanten Celadon-Vase aus dem 17. Jahrhundert, die der Florist des Hotels täglich neu mit einer Blumenkomposition zur Geltung bringt. Auch eine exklusive Zigarren-Lounge darf nicht fehlen. Sie wollen wissen, was der Spaß kostet? Nein, das wollen Sie nicht wissen. Dann würden Sie es sich nicht leisten wollen.

8.
Vergessen Sie Kai Pflaume. Wenn Sie einen Ort suchen, an dem selbst der wackeligste Heiratsantrag funktioniert, dann kann ich Ihnen das Restaurant Palais Soleiman empfehlen. Sie müssen Ihre Freundin allerdings zuerst nach

Marrakesch entführen. Schwer dürfte das nicht werden, schließlich bezaubert die marokkanische Stadt mit märchenhaften Kulissen und verschlungenen Gassen, in denen jedes Shopper-Herz vor Freude juchzen wird. Doch selbst der Farbenrausch am Grande Place verblasst neben dem Ambiente des Palais Soleimans: In sechs opulent ausgestatteten Sälen und Salons fühlt man sich hineinversetzt in das originale Setting von *Tausend und eine Nacht*. Dächte der Sultan darüber nach, wo er seine älteste Tochter verheiraten könnte, dann würde er auf kurz oder lang dort landen: Im Palais konkurrieren riesige Kronleuchter, dorische Säulen, feinste Wandverzierungen und reich geschmückte Tafeln um Ihre Aufmerksamkeit, und auf einer Bühne tröten Kopf wackelnde Muselmänner mit fliegenden Troddeln auf ihren Instrumenten, es fehlen eigentlich nur noch Feuerschlucker und Schlangenbeschwörer. (Die hat vermutlich das marokkanische Ordnungsamt verboten.) Warum hier nie vom Essen die Rede ist? Nun ja – es ist eher durchschnittlich. Aber wenn ein Heiratsantrag ansteht, verlieren in der Regel beide Parteien schnell den Appetit.

9.

Es könnte ein ganz normaler Sommertag in Südtirol sein: Stammgast Mario Adorf sitzt versteckt in der gemütlichen Stube und lässt sich von Enzo das nächste Gläschen Wein einschenken. Draußen wundern sich derweil die vorbeiflanierenden Touristen über die relativ hohen Preise auf der Karte des kleinen Bistros und ziehen weiter. *Ganz* schlechte Entscheidung: Wer in Südtirol in der Nähe von Radein Urlaub macht und nicht in Neumarkt in der Önothek Johnson & Dipoli vorbeischaut, begeht einen Fehler. Ganz abgesehen davon, dass Hausherr Enzo – ein wuseliger Schatten mit einem Hang zum halben Satz – ein famoser Weinkenner ist: Auf seiner kleinen handgeschriebenen Karte findet man feinste Gerichte aus der mediterranen und regionalen Küche. Kenner reisen aus ganz Südtirol an, um sich einen schönen Abend in der Önothek direkt bei den Laubengängen Neumarkts zu machen. Es ist keine Überraschung, dass auch dieses gastronomische Kleinod von Zeno Bampi gestaltet wurde, einem Südtiroler Architekten, der in seiner Heimatregion diversen Restaurants und Hotels eine unverwechselbare Note verliehen hat.

10.

Sie haben noch nie von David Walsh gehört? Liegt möglicherweise daran, dass der Mann aus Tasmanien stammt. In Australien kennt man ihn. Überall. Er ist Mathematik-Genie und Spieler. Ernsthaft. Und hat damit so viel Geld verdient, dass er in Hobart das interessanteste, originellste und skandalöseste Kunstmuseum Ozeaniens bauen konnte. Millionen hat es gekostet – kein Dollar kam von der öffentlichen Hand. Walsh ist ein radikaler Provokateur, doch auch ein *Bon Vivant*: Das zum Museum gehörende Hotel ist atemberaubend konsequent, sein Glastempel The Source ein Restaurant, das als Event-Traum und First-Class-Restaurant funktioniert, ohne auch nur einen Moment formell zu wirken. Schauen Sie sich die Homepage des Mona-Hotels an und Sie wissen, wovon ich spreche: http://mona.net.au

LIEBE

WAS FRAUEN WOLLEN …
Früher oder später erwischen sie uns auf dem falschen Fuß: bindungswillige Frauen. Sie haben merkwürdige Erwartungen. Besser, Sie sind vorbereitet.

»Liebe ist nicht nur eine Anomalie, sondern eine ganz normale Unwahrscheinlichkeit.«
NIKLAS LUHMANN

DIE FAKTEN VORAB: Die repräsentative Umfrage einer Online-Dating-Firma aus dem Jahr 2011 ergab folgendes Bild: Frauen interessieren sich für Männer, die a.) treu, b.) humorvoll und c.) kompromissbereit sind.

Tja nun. Sind das die Eigenschaften, die uns sofort einfallen, wenn wir über uns nachdenken? Ich nenne das

Resultat dieser Umfrage ein Dilemma. Schließlich gehören Treue und Diplomatie zu den beliebtesten Streichungen, die Männer gerne vornehmen würden, wenn sie nur könnten. Und ihr Humor ist meistens ziemlich speziell ...

TREUE

»Treue macht nur am Anfang Spaß.«
JULIETTE GRÉCO

Wir sind uns doch einig: Männer sind nicht dazu gemacht, treu zu sein. Es ist nicht natürlich, sein Fortpflanzungspotenzial, seine evolutionäre Duftmarke, nur einer einzigen Frau zu widmen. Trotzdem streben wir das an, denn wir haben uns offiziell einem moralischen Konsens unterworfen, der besagt: Zivilisation matters. Monogamie rules.

Insofern ist eine monogame Beziehung ein ständiger Kampf, der nicht zu gewinnen ist, ohne dass Zurückhaltung, Demut oder das Fehlen attraktiver Optionen eine gewisse Rolle spielen. Treue als Mangel an Gelegenheit etwa, das wäre sozusagen Treue B – das Arrangement mit dem eigenen Defizit. Einer Frau treu zu sein, ohne das als Kompromiss, als Zugeständnis oder im schlimmsten Fall als Bequemlichkeit zu verbuchen, das ist die Königsdisziplin des Liebeslebens. Ist dieses Bewusstsein herstellbar? Auf Knopfdruck? Kann man das lernen?

An dieser Stelle kommt Julie Andrews, die unvergessene Schauspielerin aus Mary Poppins oder Victor/Victoria ins Spiel, die das Problem mit einer schlichten Weisheit einkreist: »Wenn einem Treue Spaß macht, dann ist es

Liebe!« Suchen Sie sich eine Frau, die Sie lieben. So richtig, mit allen Konsequenzen. Führen Sie ein Leben mit ihr, das Sie beide befriedigt, bedingungslos. Treue wird nicht das Ziel sein, sondern eine Begleiterscheinung.

HUMOR

Es gibt da ein kleines Problem in der Abteilung Fisch sucht Fahrrad. Die offizielle Humorforschung (so etwas gibt's wirklich!) hat herausgefunden: Der weibliche Humor baut Aggressionen ab, ist heilsam und sympathisch. Der männliche Humor hingegen gibt sich gerne sarkastisch, verletzend und aggressiv. Punkt. Was genau meinen Frauen also, wenn sie sich einen humorvollen Partner wünschen? Mario Barth ist es jedenfalls nicht.

Männer wie ich haben im Grunde überhaupt keine Ahnung, was Frauen *wirklich* witzig finden. Natürlich sehe ich sie hin und wieder lachen. So wurde ich beispielsweise von meiner Frau diverse Male eingeladen, mit ihr zusammen in einer Hamburger »Szenekneipe« die TV-Serie *Sex and the City* anzusehen, als diese noch regelmäßig gesendet wurde. Da konnte man stets ziemlich viele vor Vergnügen quietschende Frauen beobachten. Sie amüsierten sich augenscheinlich wie Bolle darüber, dass vier New Yorker Schönheiten verzweifelt versuchten, einen Mann zu finden, der länger als eine Saison bei ihnen bleibt. Frauen, die vierzig und schrullig wurden bei dem Versuch, endlos viele Handtaschen, Sexspielzeuge und Schnürschühchen in ihre Single-Apartments zu tragen. Die Damen in der Kneipe keckerten wie die Raben über diese glamourös verschleierte Form der sozialen Verelendung, doch meine Frau belehrte mich auf Nachfrage immer wieder: »Das hat mit Schadenfreude nichts zu tun – das ist reine Selbstironie!«

Um sich die Absurdität dieser Kneipenszene bildlich vorzustellen, braucht man nur für einen Moment die Vorzeichen umzukehren: Fünfzig Männer schauen sich vier Typen im Fernsehen an, die beim Abendessen in einem hippen Restaurant über ihren miesen Sex lästern, keine Frau an den Start bekommen und nicht mal ein Auto haben. Hey! Was für Loser! Was an diesen traurigen Kerlen soll denn komisch sein? Wie kann man sich denn darüber vergnügen? Das ist nur mit dem Prinzip »Humor ist, wenn man trotzdem lacht« zu erklären, welches übrigens von Wilhelm Busch stammt – und hauptsächlich unter Frauen grassiert. Wir reden hier von einer subtilen Form der Selbstgeißelung, in der es darum geht, sich lachend mit den eigenen Defiziten zu versöhnen, wenn man schon mit ihnen leben muss. Das funktioniert bei Männern nicht. Schon allein, weil sie keine Defizite haben ...

KOMPROMISSBEREITSCHAFT

»Die größte militärische Leistung des Jahrhunderts ist meine Ehe.«
FRIEDRICH DÜRRENMATT

Ich bin dagegen. Bei der Wahl seines Partners führt Kompromissbereitschaft auf direktem Weg in ein Theaterstück von Strindberg. Ich vermute, das Problem bei der

Suche nach dem idealen Partner ist das folgende: Frauen und Männer suchen nicht bloß nach einem emotionalen Grundversorger. Sie suchen nach einer Person, die zu ihnen passt, die ihre Witze versteht, ein paar ähnliche Lebensziele definiert und möglichst auch noch ihrem visuellen Beuteschema entspricht. Sie suchen nach einer besseren Ausgabe von sich selbst, wenn wir mal ehrlich sind. Das ist im Prinzip kein schlechter Ansatz, wenn man davon absieht, dass die Zielgruppe dieses Anforderungsprofils wohl extrem klein ist. Was man da an Leuten im Laufe seines Lebens kennenlernt, fällt oft schon nach dem ersten Blick oder dem zweiten Satz durchs Raster. Irgendwann wird dann selbst ein geduldiger Single zum Opfer dessen, was der Schweizer Schriftsteller Alain de Botton unter dem Begriff »romantischer Fatalismus« subsumiert: »Romantischer Fatalismus bewahrt uns vor dem Gedanken, dass das Bedürfnis zu lieben immer unserer Liebe zu irgendeiner bestimmten Person vorausgeht.« Heißt, schlichter formuliert: Wir wollen da draußen jemanden finden, und wir werden da draußen jemanden finden, einfach weil wir uns entschieden haben, zu lieben und eine Beziehung zu führen. Dieser Wunsch ist machtvoller als unser rationales Urteilsvermögen, wenn es um die Einschätzung der Person geht, die für solch ein Abenteuer unter möglichst objektiven Gesichtspunkten in Frage kommt. Womit wir wieder beim Thema wären – oder auch beim Elend. Denn, mal ehrlich: Wie viele unserer Freunde und Bekannten stecken in glücklichen Beziehungen, haben sich also eine Person für ihr Leben gesucht, die *wirklich* zu ihnen passt?

Üblicherweise versteckt sich bei Menschen, die gerade

füreinander entflammt sind, das Potenzial für grundsätzliche Differenzen hinter der Fassade des beiderseitigen Vortanzens. Die unterschiedliche Sozialisation, die sich daraus ergebenden Eigenheiten und Werte, die Lebensperspektiven – all das verschwindet erst einmal hinter dem »Was machst du, was hörst du, wie siehst du aus?« Erst im Laufe der Zeit werden die wahren Umrisse der Persönlichkeiten erkennbar, und beide Partner beginnen sich zu fragen: »Warum er?« bzw. »Warum sie?« Ganz schön unbequem, wenn diese Fragen dann nicht zufriedenstellend beantwortet werden können und die gemeinsame Wohnung schon bezogen ist.

Heißt das, dass eine Beziehung in den ersten Monaten immer ein Blindflug ist, bei dem man erst viel später sieht, wo man landet – und mit wem? Nicht zwangsläufig. Wer genau hinschaut und sich nicht von hormonellem Überschwang und den eigenen Projektionen blenden lässt, hat durchaus eine Chance, die Sollbruchstellen einer Beziehung schon im Frühstadium zu erkennen. Man darf nur nicht den Fehler begehen, allzu viel Toleranz aufzubringen und sollte stattdessen seinem Frühwarnsystem vertrauen. Denn hier – und nur hier – ist Toleranz kein guter Ratgeber. Erinnern wir uns an die Liebschaften der Vergangenheit. Was waren die Gründe für ihr Scheitern? (Abgesehen von der Frau, die heimlich ein Doppelleben mit zwei Männern in unterschiedlichen Städten führte, oder einem notorischen Fremdgänger – den Psychopathen also, und die sollen hier ausnahmsweise keine Rolle spielen.)

War es vielleicht *sein* emotionaler Geiz, *ihre* unerträgliche Eitelkeit? Beim ersten Date waren Sie damals doch ganz angetan von der Entschlossenheit, mit der er auf getrennter Kasse bestand, schließlich wollte er den Eindruck vermeiden, Sie zu kaufen! Oder ein Fall aus männlicher Perspektive: Haben Sie es anfangs nicht genossen, dass sich Ihre neue Freundin – offenbar nur für Sie – aufbrezelte wie ein Funkenmariechen?

Im Laufe der Zeit kann aus einem kleinen Haarriss in der Beziehung ein riesiger Canyon werden, und zwar dann, wenn die natürliche Schnittmenge zweier Menschen klein, *zu klein* ist: Sie hätte gern eine große Familie, er kann sich nicht mal *ein* Kind vorstellen? Sie wandert gern auf Sylt und zeltet wild in Irland, er fühlt sich in Goa und auf Ibiza am wohlsten? Sie träumt von einem Reetdachhaus im alten Land, er spart auf die Fabriketage in Berlin? Sie hat den Knigge schon als Vorschülerin inhaliert, er isst Suppe durch die Nasenlöcher? Sie liebt Spieleabende mit Freundinnen, er spielt acht Stunden am Stück schlecht Klavier? Sie redet, er schweigt, sie hört Thomas-Bernhard-CDs, er nicht zu? Sie spendet zwanzig Euro im Monat für Plan International, er gibt sich bloß die Kante? Sie hat einen Mini Cooper Cabrio, er fährt aus Überzeugung Fahrrad, sie schläft auf dem Futon, er im Wasserbett? Banalitäten größtenteils, zugegeben, in der Summe aber können sie zu einem unüberwindlichen Beziehungskiller werden. Die meisten Lieben enden nicht, weil man im Eurozonen-Konflikt nicht auf einen gemeinsamen Nenner kommt, sondern weil man es nicht schafft, den Abwasch zu bewältigen.

Das ist traurig und wird retrospektiv gerne umdefiniert zu unüberbrückbaren, grundsätzlichen Differenzen.

Dabei erträgt man es einfach nicht, nur noch einen Tag länger mit der Person an einem Tisch zu sitzen, die sich in den letzten drei Jahren als sozialer, kultureller und intellektueller Sondermüll entpuppt hat. Das sind deprimierende Momente, wenn man realisiert, dass man es wieder nicht hinbekommen hat, dass man zurück auf Los geschickt wird, ohne Belohnung und ohne die Gewissheit, dass es beim nächsten Mal bestimmt besser klappt. Es ist deprimierend auch deshalb, weil man sich die letzten Monate, vielleicht sogar Jahre hätte sparen können, hätte man nur gleich auf die kleinen Risse im Beziehungsgefüge geachtet. Mit Nasenhaaren und Tina-Turner-CDs im Schrank kann man sich vielleicht arrangieren, aber mit fehlendem Taktgefühl, egoistischem Sozialgebaren oder gar emotionaler Verkümmerung lebt es sich auf Dauer einfach mies zusammen. Es ist ein Irrglaube, anzunehmen, Menschen würden sich im Laufe der Zeit schon auf die gewünschte Weise ändern, wenn man nur lange genug daran glaubt und dreht. Pustekuchen.

Nein, es hilft nichts. Bei der Partnersuche läuft es anders als im Bundestag oder am Verhandlungstisch zwischen Frau Merkel und der *Bad Bank*: Kompromisse können Sie vergessen. Kompromisse bringen einen vielleicht über die nächsten Monate, aber nie ans Ziel. Es muss passen, schon ganz am Anfang, zu einhundert Prozent und ohne Zweifel. Zwar gibt es selbst dann keine Garantie für eine fortwährende, dauerhafte Liebesbeziehung, doch die Chancen sind in diesem Fall nicht schon bei Spielanfang gleich null.

WAS ERWARTEN FRAUEN VON MÄNNERN, MIT DENEN SIE EINE BEZIEHUNG EINGEHEN WÜRDEN?*

84% ist Treue sehr wichtig
70% ist Humor sehr wichtig
66% ist die Kompromissbereitschaft
des Partners sehr wichtig
64% ist der Sexappeal des Partners sehr wichtig
45% tolerieren keinen häufig trinkenden Partner
38% tolerieren keinen rauchenden Partner
36% ist das Energielevel des Partners wichtig
27% ist die räumliche Nähe zum Partner sehr wichtig
18% ist das Einkommen des Partners wichtig
14% ist die Bildung des Partners sehr wichtig

*Ergebnisse einer Untersuchung der
Online-Agentur eDarling von 2011

SEX

HABEN SPORTLER DEN BESSEREN?
Das Vorurteil kennt jeder: Sportliche Männer sind die besseren Liebhaber. Aber stimmt das auch? Nein. Nicht unbedingt. Es gibt Hoffnung für Sixpack- und Trimm-dich-Verweigerer.

*»Essen und Beischlaf sind die beiden
großen Begierden des Mannes.«*
KONFUZIUS

Menschen in einem gewissen Alter entwickeln merkwürdige Angewohnheiten. Ich zum Beispiel blättere gelegentlich in bunten Magazinen, die nicht über Lady Gaga oder Barack Obama berichten, sondern einen Herrn mit silbernem Haar und weißem Kittel zeigen, der mich eindringlich anschaut und behauptet: »Ständiger Harndrang – das muss nicht sein!« Neulich also stieß ich in solch einer Postille für den angehenden Hypochonder auf eine interessante Überschrift: »Macht zu viel Sport die Spermien müde?« In diesem Artikel wurde behauptet, dass die Fruchtbarkeit von Männern nach sportlichen Belastungen stark nachlasse. Meine Familienplanung ist so weit abgeschlossen. Trotzdem wollte ich diese interessante Information mit meiner Gattin teilen. Schließlich handelt es sich bei ihr um eine Totalverweigerin in Sachen Leibesertüchtigung, die zudem alles zustimmend aufsaugt, was den Sinn sportlicher Aktivität anzweifelt. Diesmal allerdings reagierte sie überraschend anders. Statt sich belustigt auf die Schenkel zu klopfen, wie ich das erwartet hatte, schaute sie mich bloß spöttisch an. Dann sprach sie zu mir, einem begeisterten Sportler: »Deine Spermien, mein Lieber, sind gar nicht das Problem. Das Problem bei einem Sportler wie dir ist ...« – und hier machte sie eine dramaturgisch ambitionierte Pause – »... dass er häufig viel zu schlaff ist, um überhaupt Sex haben zu wollen!«

Oops. Okay, meine Frau neigt zu gezielten Provokationen, ich bin das gewohnt. Aber hat sie völlig unrecht? Das Bewusstsein, prinzipiell jederzeit zur körperlichen Vereinigung bereit zu sein, gehört eigentlich zur mentalen Grundausstattung aller Männer. Und der Sportler, das weiß man doch, eignet sich besonders gut für alle Varianten der erotischen Vergnügung. Darum geht es schließlich am Ende des Tages, warum sollte man(n) sich sonst so eifrig bemühen, seinen Körper in Schuss zu bringen? Um beim Marathon zehn Minuten früher anzukommen? Um aus einem gewöhnlichen Waschbärwanst einen knackigen Waschbrettbauch zu modulieren? Falsch! Es geht doch in erster Linie darum, auf dem Marktplatz der Geschlechter nicht der mit den miesesten körperlichen Argumenten zu sein.

Zumal in *Fit for Fun*, dem Fachblatt für den juvenilen Fitnessfreund, unlängst geschrieben stand: »Sport macht Lust auf Sex«. Das behauptete jedenfalls eine Sozialmedizinerin namens Prof. Dr. Anita Rieder. Sie will herausgefunden haben, dass regelmäßiges Training nicht nur den Körper in Form halten, sondern auch die sexuelle Leistungsfähigkeit und das Vergnügen am Sex ankurbeln würden. Außerdem ginge es natürlich darum, gesund zu leben. Sport = Gesundheit. Da würde sicher niemand widersprechen. Ich sammelte diese Argumente und kullerte sie meiner Frau vor die Füße wie einen bollerigen Medizinball: Schwer zurückzuspielen, so ein Medizinball, dachte ich. Meine Frau allerdings schaffte es mühelos. Mit Fakten. Besser gesagt mit einer Frage: »Wie viel Sex hatten wir denn, seitdem du für diesen Triathlon trainierst?«

Stellen Sie sich an dieser Stelle eine längere Gesprächspause vor. Und eine noch längere. Überspringen wir die nächsten Minuten einfach, die ich damit zubrachte, in aller Stille nachzudenken und das feixende Grinsen meines Weibes zu ignorieren – nachzudenken darüber, dass es schließlich viele Gründe dafür geben könnte, dass unser Sex in der letzten Zeit etwas ... nun ... kostbarer ... seltener ... geworden ist. Ich konterte schließlich mit einer Untersuchung, die ich auf der Website *Gene Expression* gelesen hatte, und die, in aller Knappheit zusammengefasst, folgende

These untermauert: Intelligente Menschen haben weniger Sex! Der *Gene-Expression*-Forscher Jason Malloy zitiert für seine These den Schriftsteller Aldous Huxley: »Ein Intellektueller ist ein Mensch, der etwas Interessanteres als den Sex entdeckt hat.« Das klingt verwegen, das gebe ich zu, doch mit dem Rücken an der Wand kann man sich seine Argumente nicht immer aussuchen. Die Antwort meiner Frau möchte ich Ihnen nicht vorenthalten: »Du hast was Interessanteres als Sex entdeckt? 500 Meter schwimmen. Fünfzig Kilometer mit dem Rad fahren. Fünf Kilometer laufen. Einen Volkstriathlon. Wow! Vielleicht versuch ich das auch mal. So als verzweifelter Akt der Sublimierung.«

Das war der Moment, in der mein Widerstand erlahmte. Es mag Ihnen lächerlich erscheinen, aber auch so ein Volkstriathlon will gut vorbereitet sein. Meine Frau hat nicht unrecht, wenn sie einen Zusammenhang zwischen meinem Eifer auf dem Sportplatz und meiner schleichenden Zurückhaltung im Schlafzimmer herstellt. Versuchen Sie doch mal, ein leidenschaftlicher Liebhaber zu sein, wenn Sie um 5.30 Uhr aufgestanden sind, um im örtlichen Hallenbad zusammen mit ein paar älteren Bettflüchtern die ersten Runden im Chlorwasser zu drehen und anschließend mit dem Mountainbike zur Arbeit zu fahren, 22 Kilometer bergige Landstraße! Seien Sie mal eloquent, charmant und unwiderstehlich bei einem Gläschen Wein am späten Abend, wenn Ihnen 15 Kilometer Dauerlauf bei Graupel und Schnee in den Knochen stecken, zusätzlich zu den Anforderungen eines stinknormalen Arbeitstages. Bewahren Sie mal Körperspannung und Präsenz, wenn Sie vom Squashen, Tennis oder Kicken zurückkehren, weil ja Ballsport als Ausgleichssport und Koordinationshilfe so dringend empfohlen wird! Ich kann Ihnen sagen, was Sie nach diesem Pensum sind: ein Typ mit einem Körper, der ihn vielleicht fünf Jahre jünger aussehen lässt – aber leider auch mindestens zehn Jahre müder. Ein wohlgeformter Schluck Wasser in der Sofakurve, ein unfassbar entspannter, selig erschöpfter Grumpf im Körper eines Topathleten, ausgestattet mit der Triebenergie eines gefütterten Wombats. Genau dazu werden Sie, wenn Sie nicht aufpassen.

Womit wir bei einem Problem wären, das auch der ehemalige Weltklasse-Leichtathlet und Mediziner Dr. Thomas Wessinghage erkannt hat. In seinem Artikel »Wie viel Sport ist gesund?« wies er darauf hin, dass gewisse Naturvölker gar keine sportliche Betätigung und demzufolge auch keine bestimmten Stoffwechselerkrankungen wie der »moderne Mensch« sie hat, kennen würden. Die Quintessenz seiner gesammelten Erkenntnisse: Zu viel des Guten schadet, und zwar in jeder erdenklichen Hinsicht. Schlafzimmer inbegriffen. Das Fatale am Habitus des Freizeitsportlers nämlich sei die Unfähigkeit, die eigenen Grenzen zu erkennen. Sie überfordern sich permanent!

Wozu das führt, meine Herren, können Sie sich ausmalen. An der Wand bestätigt die Ehrenurkunde eines kleinstädtischen Sportvereins Ihnen vielleicht, was Sie für ein heißer Typ sind, aber in Ihrem Schlafzimmer ist die Stimmung leider auf dem Gefrierpunkt. Sportliche Männer sind die besseren Liebhaber? Möglicherweise. Sie sollten nur hin und wieder daran denken, das auch unter Beweis zu stellen.

ENERGIE

DIE SUPERFRESSER
Ich möchte Ihnen hier fünf Autos mit einem Problem vorstellen: Diese Kisten haben offiziell den höchsten Benzinverbrauch aller für den Straßenverkehr zugelassenen PKW.

PLATZ 5
Der seit 2006 gebaute Bentley Azure Automatik ist mit knapp 350.000 Euro nicht nur das zweitteuerste Serien-Cabrio der Welt – er bringt außerdem die ökologisch interessierten Autofahrer auf die Palme. 456 wuchtige Pferdestärken bringt der fünfeinhalb Meter lange Bentley in die Box, was den Verbrauch von 20,6 Litern auf hundert Kilometern verständlich macht. Aber auch notwendig? Selbst der eigene Technikvorstand des Hauses Bentley gibt zu: »Rational ist ein Bentley nicht!«

PLATZ 4

Dass ein Ferrari nicht mit einem Käfermotor betrieben wird, dürfte bekannt sein. Dass aber gleich 540 PS in dem italienischen, seit 2004 gebauten Ferrari 612 Scaglietti wummern, überrascht dann doch. Obwohl er im Verhältnis zur wuchtigen Bentley-Zigarre fast ein Schnäppchen ist: Ab 268.000 Euro kann man den Italiener mit dem V12-Motor ordern (vermutlich allerdings nur in der Holzklassen-Version). Ach ja: Im Verbrauch liegt der Ferrari mit 20,7 Litern auf hundert Kilometer einen Tick über dem Bentley. Dafür ist er schnell, sehr schnell: Bis zu 315 Kilometer soll man mit dem Geschoss erreichen können. Das dürfte dann allerdings das Problem von Dieter Bohlen sein, nicht meins ...

PLATZ 3

Wenn der Bentley aussieht wie ein alter, gestopfter Erbonkel, dann ist der Dodge Viper SRT-10 sein krimineller, missratener Enkel. Dieses Fahrzeug sieht gefährlich aus, man zuckt unwillkürlich zusammen, wenn man dieses aggressive Ding nur neben sich in der Parklücke ausmacht. Zwar hat die Viper gerade mal schlappe 394 PS, schafft es damit aber trotzdem auf unbescheidene 21,1 Liter Benzin für hundert Kilometer. Ist es da verwunderlich, dass der Dodge Viper SRT-10 gern in Bumm-Bumm-Videospielen wie *The Grand Theft Auto* auftaucht)? Offizielle Ansage des Autoherstellers: »Für uns war es wichtig, beim Design auf Emotion zu setzen.« Überraschung! Wäre Verstand im Spiel gewesen, hätte es die Kiste nie gegeben. Ach ja, der Preis: Um die 100.000 Euro. Ein Lacher.

PLATZ 2

Der nächste Ferrari, diesmal angeblich das stärkste V12-Serienmodell aller Zeiten. Die Rede ist vom Ferrari 599 GTB Fiorano. Wobei sich stark offenbar nicht auf »cool«, sondern auf »mächtig« bezieht: 620 PS, V12 mit 5999 Kubikzentimeter Hubraum, Normalpreis etwa 242.000 Euro – das sind die Fakten. Allerdings besteht für Menschen mit einem Hang für das ganz, ganz Ausgefallene auch die Möglichkeit, eine Sonderedition des Wagens zu bestellen. Das Modell China etwa, das optisch an Porzellan aus der Song-Dynastie erinnern soll. Hier liegen wir bei 1,2 Millionen Euro. Zum Schluss noch der Spritverbrauch: Laut Berechnungen des ADAC reden wir von schlappen 21,3 Litern.

PLATZ 1

Wenn ich darauf tippen sollte, was sich das fette nordkoreanische Riesenbaby – offiziell als Nachfolger von Kim Jong Il bekannt – als Dienstwagen wünscht, dann käme ich ganz schnell auf dieses Monster von Mobil: Der Lamborghini Murciélago Roadster LP640 E-Gear ist nicht nur 1,8 Tonnen schwer und verfügt über 640 PS – dieses Ding sieht auch genauso aus! Selbst die Unheil gewohnten Auto-Jungs vom *Focus* nannten den Lambo abwechselnd »Stier«, »wildes Tier« und »offene Bestie« – das klingt nicht so, als ob sie ihrem fahrbaren Untersatz allzu viel Vertrauen entgegengebracht hätten. Ein Internetportal kommt zu ähnlichen Einschätzungen und nennt den Lamborghini »nicht nur die hässlichste Spritvernichtungsmaschine auf der Straße, sondern auch die größte!«. In Zahlen ausgedrückt: 21,5 Liter. Prosit.

PROMISKUITÄT

ALLES MUSS, NICHTS GEHT
Ein Swingerklub ist ein Ort, an dem man eine Menge falsch machen kann. Das fängt schon bei der Frage an, ob man als aufgeklärter Mann überhaupt dort hingehen sollte.

»*Ich muss einen Mann doch nicht lieben, nur weil ich Sex mit ihm hatte. Ich glaube nicht, dass Sex so eine große Sache ist.*«
JESSICA ALBA

MORALISCHE BEDENKEN sind bei der Beantwortung dieser Frage fehl am Platz. Erlaubt ist, was Spaß macht und niemandem wehtut. Allerdings habe ich Zweifel daran, dass so ein Abend im Swingerklub den meisten Menschen mit Spurenelementen von Geschmacksempfinden wirklich Spaß machen *kann*.

Wie wir alle von den Pseudo-Dokumentationen von *Spiegel TV* wissen, werden Swingerklubs in der Regel von Menschen betrieben, die Hannelore und Hans-Jörg heißen und früher mal richtig Spaß an Sex und Minipli-Frisuren hatten. Sie kauften sich ein allein stehendes Haus an der Peripherie einer mittelgroßen Provinzstadt und öffnen heute ihren nüchternen Rotklinkerbau von Donnerstag bis Samstagabend für eine von weither angereiste geile Meute, die hauptsächlich aus munteren Versicherungsvertretern und frechen Floristinnen besteht, jedenfalls dem bundesdeutschen Mittelstand entspringt und gerne Mitte-Rechts wählt. An der Tür werden die mehrheitlich leicht aus der Form geratenen Swinger mit Küsschen und Vornamen begrüßt und anschließend zur Kasse gebeten. Im Unkostenbeitrag sind die gereichten Frikadellen und die überall in Glasschüsseln bereitgestellten Kondome schon mit drin. Die fluffige Reizwäsche allerdings, in denen sich die propperen Swinger an der Bar auf schmalen Höckerchen präsentieren, muss schon selbst mitgebracht werden.

Wenn man den Reportagen unserer aufklärungswilligen Privatsender glauben darf, versammeln sich in diesen Swingerklubs eine Menge Menschen, die man in entkleidetem Zustand nie sehen wollte. Und das in einem Ambiente, das sich zwischen mittlerem IKEA und Gelsenkirchen nicht so recht entscheiden kann. Es gibt Themenliegewiesen, die man so oder ähnlich aus blümeranten Softpornos kennt, und wenn man Pech hat, stolpert man über vier ineinander verwobene Fleischklöpse, die sich gegenseitig die Geschlechtsteile melken. Mag sein, dass es irgendwo in Deutschland ein paar Swingerclubs gibt, die passabel eingerichtet sind und in denen nette Leute mit akzeptablen Körpern auf zivilisierte Art und Weise den Geschlechtsverkehr anbahnen und vollziehen, aber sehr wahrscheinlich ist das nicht.

Wenn Sie nun schon mal da sind – ich weiß, nur mal gucken, man ist ja neugierig –, ist es hilfreich, den Kodex solcher Einrichtungen zu beherzigen. Der Umstand, dass im Swingerklub alle mehr oder weniger unbekleidet sind, heißt nämlich überraschenderweise nicht, dass Frauen und Männer zum frei verfügbaren Angebot des Hauses gehören. Einige Paare oder einzelne Gäste sind nur hier, um sich mal am »Sodom- und Gomorrha«-Gefühl eines solchen Klubs zu erhitzen oder sind dann doch zu irritiert und schüchtern, um selbst aktiv zu werden. Berücksichtigen Sie das. Verhalten Sie sich also möglichst wie in einer öffentlichen Diskothek oder einer Bar, in der alle bekleidet und hochoffiziell anständig sind. An einem solchen Ort müssen Sie die Objekte Ihrer Begierde schließlich auch erst kennenlernen und ein wenig charmieren, bevor es auf die Matte geht. Der Unterschied besteht im Swingerklub nur darin, dass Sie nach erfolgreich angebahnter Kontaktaufnahme nicht nur zu einem Gläschen Prosecco einladen dürfen, sondern je nach Gusto gleich zu einem Blaskonzert oder einem flotten Dreier auf der Liegewiese, sofern Sie Mitspieler finden.

Achten Sie darauf, nicht die Fassung zu verlieren, wenn Sie einmal zurückgewiesen werden. Es herrscht *immer* Männerüberschuss in einem solchen Etablissement. Selbst wenn Sie der Ansicht sind, dass die korpulente Matrone im lila Mieder froh darüber sein sollte, dass so ein attraktiver

Mann wie Sie sich opfern würde, ist es *kein* guter Gedanke, das öffentlich auszusprechen und sich zu beschweren, dass die Dicke sie nicht ranlässt. Wie würdelos.

Apropos würdelos: Es kann passieren, dass Sie dem psychischen Druck eines Swingerklubs nicht gewachsen sind, das Ganze hat ja durchaus was von Landwirtschaftsausstellung. Konkret gesprochen: Sie haben eine Dame grundsätzlich davon überzeugt, mit Ihnen auf der Spielwiese herumzutaumeln, aber Sie kriegen keinen hoch. In einem solchen Fall – wenn Sie also schon vorher befürchten, dass es im Swingerklub möglicherweise zu Erektionsproblemen kommen könnte, dann ist gegen die Einnahme der blauen Wunderwaffe nichts einzuwenden: Besorgen Sie sich eine Viagra-Pille und haben Sie Spaß damit. Überaus geschmacksbefreit wäre es allerdings, wenn Sie nach dem Flatrate-Motto »All you can fuck« mit Viagra nur Ihre Startposition verbessern wollen. Und ich darf Ihnen verraten: Es sieht gar nicht so verführerisch aus, wie Sie glauben, wenn Sie schon an der Bar gut sichtbar für alle Mit-Swinger ständig mit aufgepflanztem Bajonett auf Ihrem Höckerchen herumrutschen, während Sie sich gleichzeitig aus dem Erdnusstöpfchen bedienen.

Wie Geschlechtsverkehr funktioniert, dürfte Ihnen bekannt sein, in dieser Hinsicht sind Ihrer Phantasie keine Grenzen gesetzt – achten Sie darauf, dass Ihr Körper in einem Zustand ist, der mehr als die üblichen drei Stellungen gymnastisch noch einigermaßen verkraftet. Die Tücken in einem Swingerklub lauern jedoch eher *vor* und *nach* dem eigentlichen Treiben. Deshalb jetzt noch einmal die eindringliche Warnung: Egal, ob Sie mit Nachtschwester Inge oder mit Lokomotivführer Ingo ganz ausgezeichnete Nächte im »rumänischen Kerkerzimmer« erlebten oder die Rüssel-Operette nach böhmischer Art zelebrierten – alles, was in so einem Klub geschieht, bleibt im Klub. Die brave Welt da draußen und die Abenteuer im Swingerklub haben nichts miteinander zu schaffen. Das beginnt schon damit, dass der Austausch von Adressen und Telefonnummern in solch einem Etablissement tabu ist, nicht erlaubt und nicht erwünscht. Es mag sein, dass der ein oder andere Besucher eines Swingerklubs einen kleinen Ausbruch aus seinem bürgerlichen Gefängnis ganz reizvoll fände. Genau in diesen Knast möchten die meisten aber hinterher schnell wieder zurück. Und zwar ohne Zeugen!

FERNSEHEN

VIERZIG JAHRE MORD ZUM SONNTAG
Es gibt keine andere Möglichkeit am Sonntagabend: der Tatort, mag er noch so angefeindet werden, bleibt die heilige Kuh des deutschen Bildungsbürgers. Überraschungen birgt er allemal.

»Jeder Säugling sollte sich so früh und so gründlich wie möglich mit einem Fernsehgerät beschäftigen, denn später hat er ja auch nichts anderes!«
LORIOT

JETZT HABE ICH ES SCHWARZ AUF WEISS: Ich bin ein stinknormaler deutscher Durchschnittsbürger. Mainstream sozusagen. Diverse Untersuchungen darüber, wer aktuell die beliebtesten *Tatort*-Kommissare in Deutschland sind, haben zuverlässig ermittelt: Die Münsteraner. Wir reden über Axel Prahl in seiner Rolle als bärbeißig-verschmitzter St.-Pauli-Fan Frank Thiel und Jan Josef Liefers als eitel-arroganter Gerichtsmediziner Karl-Friedrich Boerne. Das hätte ich genau so unterschrieben – grundsätzlich. Wenn für den nächsten Sonntag eine Folge des Münster-*Tatorts* angekündigt wird, freue ich mich die ganze Woche darauf. Wobei ich zugeben muss, dass ich Sonntag um 20:15 Uhr *immer* vor dem Fernseher sitze, wenn es sich irgendwie einrichten lässt. Ich bin *Tatort*-Fan, ganz gleich, ob er aus Saarbrücken, Berlin oder eben Münster kommt. Natürlich habe ich persönliche Vorlieben, das geht schließlich jedem so: Es fällt mir deutlich schwerer, Harald Krassnitzer in Österreich oder Eva Mattes am Bodensee mit Begeisterung bei ihrer Arbeit zuzuschauen als den Kölnern Ballauf und Schenk oder Mehmet Kurtulus in Hamburg, das muss ich zugeben.

Warum ich allerdings den Münsteraner *Tatort* schätze, hat mit einem Umstand zu tun, der auf den ersten Blick überraschend erscheint, auf den zweiten jedoch vielleicht sogar systemische Qualität besitzt: Ich mag die Frauenrollen darin so gern! Klar, es ist einfach, sich über »Alberich« zu amüsieren, denn die kleinwüchsige Gerichtsmedizinerin Silke Haller (ChrisTine Urspruch) spielt ihren boernierten Chef mit schlagfertigem Witz in fast jeder Folge an die Wand. Auch die kehlig-resolute Staatsanwältin Wilhelmine Klemm (Mechthild Großmann) füllt auf kleinem Raum eine Paraderolle mit Leben. Meine persönliche Favoritin aber ist Prahls pragmatisch-spöttische Assistentin Friederike Kempter, die in der WDR-Produktion zwar den albernen Comicnamen Nadeshda Krusenstern trägt, im Beisein ihrer beiden Alphamännchen Prahl und Liefers dennoch immer wunderbar geerdet wirkt. Man kann die Denkblase über dem hübschen Gesicht der jungen Ermittlerin beinahe lesen, wenn sie ihre lümmeligen, meistens in Hahnenkämpfen verstrickten Vorgesetzten beobachtet: »Jungs, jeder hat's gesehen, ihr seid toll, aber jetzt husch husch zurück an die Arbeit!«

Dass der *Tatort* sich an derart respektlose, selbstbewusste Frauenfiguren wie Nadeshda Krusenstern oder Wilhelmine Klemm herantraut, ist nur konsequent. Seit vierzig Jahren funktioniert die heilige Kuh der Sonntagabend-Unterhaltung als Seismograph bundesdeutscher Befindlichkeit. Darin liegt ein großer Teil ihres Erfolgs. Der Zeitgeist, handlich verpackt als smart geschriebener Krimi: Im *Tatort* werden alle relevanten gesellschaftlichen Schwingungen in Deutschland aufgegriffen und in Plot und Personal verdichtet. Da hat sich nun mal einiges getan, seitdem Hauptkommissar Trimmel (Walter Richter) am 29. November 1970 zum ersten Mal am *Tatort* ermittelte. Das Frauenbild in diesem, unseren Lande hat sich gewandelt: Aus der ursprünglich streng maskulinen Serie mit so kantigen Kerlen wie Haferkamp (Hansjörg Felmy), Schimanski (Götz George) oder Stoever (Manfred Krug) ist ein TV-Event entstanden, das zunehmend auch weibliche Facetten und Blickwinkel in seiner Figuration berücksichtigt.

Charaktere wie Charlotte Lindholm (Maria Furtwängler) wären noch in den siebziger Jahren undenkbar gewesen. Als allein erziehende Mutter und WG-Genossin eines schreibenden Jämmerlings (Ingo Naujoks) heult sie sich höchstens kurz bei der Mutter aus, bevor sie ihre Fälle mit List, Intelligenz und weiblicher Intuition löst – und eben nicht vorrangig mit den konventionellen Waffen der Männer. Nur Lena Odenthal (Ulrike Folkerts) muss hin und wieder auch ihren drahtigen Körper in die Bresche werfen, um erfolgreich zu sein. Weder von Andrea Sawatzki als Frankfurter *Tatort*-Kommissarin Charlotte Sänger noch von der Bremer Ermittlerin Inga Lürsen (gespielt von Sabine Postel) erwartete man bislang ernsthaft, die besseren Männer zu sein und ihre Figuren besonders *physisch* anzulegen. Die Zeit der Kraftpakete und Schnellschläger ist im *Tatort* lange vorbei, Soft Skills sind gefragt. Auch deshalb freut sich der gemeine Zuschauer am Ende eines Leipziger *Tatorts* stets mit Eva Saalfeld (Simone Thomalla), die ihre Rolle zwar tough, aber gleichzeitig verletzlich anlegt, und einfach natürlicher wirkt als ihr hagestolzer, schrulliger Partner Andreas Keppler (Martin Wuttke). Keine Frage, Wuttke spielt den wortkargen Einzelgänger mit der Grandezza des geborenen Melancholikers, doch als Männertyp ist er ein echtes Auslaufmodell.

Natürlich ist die schlichte Quote beim *Tatort* nach wie vor eine Katastrophe: 21 zu 6 lautet das Verhältnis von Männern und Frauen, wenn man nur die Reihen der aktuell ermittelnden Kommissare durchzählt. Doch wer sich die Konstellation in den momentan sechzehn aktiven Kommissariaten einmal näher ansieht, stellt fest, dass diese Quote den wahren Machtverhältnissen vor Ort nicht gerecht wird. Dass beispielsweise der Kieler Neurosenkönig Klaus Borowski (Axel Milberg) ohne den psychologischen Beistand seiner persönlichen Betreuerin Frieda Jung (Maren Eggert) auskommen muss, ist schade, weil die großartige Eggert der heimliche Star der NDR-Produktion war. Noch hat Sibel Kekili als Nachfolgerin diese Lücke nicht geschlossen.

Ein echter Hingucker ist auch die gebürtige Chilenin Carolina Vera, die als leitende Staatsanwältin den beiden Stuttgarter Ermittlern Richy Müller und Felix Klare im Nacken sitzt, und deren Figur sich zur Freude des (nicht nur männlichen) Fernsehzuschauers bereits in kurzer Zeit sehr viel Raum charmiert hat. Bei ihr gehen schwäbische Redlichkeit und feurige Multi-Kulti-Herkunft eine amüsante Symbiose ein. Auch das keineswegs zufällig, wie ein Blick auf die Historie des *Tatorts* nahelegt: Immer schon wurden politisch heiße Eisen in Plots und Figurationen des *Tatorts* ganz selbstverständlich eingeschmuggelt. Seit zum Beispiel der gebürtige Kroate Miroslav Nemec vor zwanzig Jahren als Kommissar Ivo Batic beim Münchner *Tatort* einstieg, gibt es immer wieder nichtdeutschstämmige Ermittler, zuletzt den türkischen Undercover-Mann Cenk Batu (Mehmet Kurtulus) in Hamburg. Und lange bevor Thilo Sarrazin seine Multi-Kulti-Polemik veröffentlichte, hatte man im *Tatort* gleich drei Ehrenmord-Episoden aufgeklärt – alle von weiblichen Ermittlerinnen übrigens.

Es ist nicht zu übersehen: Der *Tatort* wird weiblicher, an allen Fronten. Nicht nur neue Kommissarinnen wie Simone Thomalla oder Nina Kunzendorf – die als Frankfurter Ermittlerin (neben Joachim Krol) Andrea Sawatzki ablöste – belegen diesen Eindruck. Es sind auch die amüsanten, stets liebevollen Blicke auf sein weibliches Personal, für die sich der *Tatort* immer mehr Zeit nimmt. Dass ein »Aufstieg« von der Neben- zur Hauptrolle innerhalb des eigenen Teams möglich ist, hat Tessa Mittelstaedt in ihrer Rolle als Franzi Lüttgenjohann im Kölner *Tatort* bewiesen. Die Assistentin von Baldauf (Klaus J. Behrendt) und Schenk (Dietmar Bär) durfte den Herren mehr als zehn Jahre lang Kaffee servieren und deren Telefonlisten führen, bis man ihr 2009 dann selbst das kriminalistische Rampenlicht gönnte. Es geht eben nicht mehr ohne Dame. Das beherzigt übrigens auch Ulrich Tukur, der 2011 als neuer Ermittler für den hessischen Rundfunk an den Start ging. Eine Kollegin bekam er zwar nicht an die Seite gestellt, aber in der Gestalt von Magda Waechter immerhin so etwas wie seine persönliche Miss Moneypenny. Und eine gewisse Lili ist ja auch nicht ganz unwichtig: So nämlich nennt Tukur seinen verkapselten Hirntumor, mit dem seine Figur leben muss.

DER TATORT-VORSPANN

Seit dem Start der Reihe im Jahr 1970 wird der *Tatort* durch denselben Vorspann eingeleitet, bis auf geringfügige Modernisierungen ist dieser unverändert geblieben. Die Musik dazu stammt von Klaus Doldinger. Augen und Beine im Vorspann gehören dem ehemaligen Schauspieler Horst Lettenmayer. Vor nunmehr vierzig Jahren bekam er von seiner Agentur einen folgenschweren Anruf: »Die suchen ein paar Augen, meld dich mal«. In einer *Tatort*-Folge ist von Horst Lettenmayer übrigens auch mehr zu sehen: 1989 spielte er in *Der Pott* einen Gewerkschaftsboss. Sein Honorar dafür, dass er seit 1970 seine Augen für den *Tatort* »zur Verfügung stellt«: 400 Mark. Einmalig. Lettenmayer dazu heute: »Ich hatte damals nur eine Handschlag-Vereinbarung für einen Pilotfilm, das war mein Fehler!«

FREITOD

ALLE 47 MINUTEN EIN SELBSTMORD – IN DEUTSCHLAND

Was das freiwillige und mutwillige Beenden des eigenen Lebens anbelangt, so gehen die Meinungen auseinander. In einer Hinsicht aber sind sich alle Beteiligten einig: Es gehört jede Menge Mut dazu. Eine Männerdisziplin?

»Der Selbstmord ist das größte Verbrechen. Welchen Mut kann derjenige besitzen, der vor einem Wechsel des Glückes zittert? Der wahre Heldenmut besteht darin, über das Elend des Lebens erhaben zu sein.«
NAPOLEON BONAPARTE

»Es ist Albernheit, zu leben, wenn das Leben eine Qual wird, und wir haben die Vorschrift zu sterben, wenn Tod unser Arzt ist.«
WILLIAM SHAKESPEARE

SIEBEN FAKTEN

- Weltweit bringen sich jährlich etwa 500.000 Menschen um.

- Männer nehmen sich häufiger das Leben als Frauen, etwa siebzig Prozent aller Selbsttötungen gehen von Männern aus. Frauen unternehmen allerdings mehr Selbstmord-Versuche.

- Bis zum Alter von dreißig Jahren ist Selbstmord in den westlichen Ländern die zweithäufigste Todesursache (nach Verkehrstoten).

- Männer wählen eher »harte« Freitod-Varianten wie sich erhängen, sich aus großer Höhe stürzen oder sich von einem Zug überrollen lassen. Frauen entscheiden sich eher für die »weicheren« Varianten wie sich die Pulsadern aufschneiden oder Tabletten überdosieren.

- Hohe Selbstmordraten weisen die Länder Russland, Dänemark, China, Japan, Finnland, Belgien und Österreich auf.

- In Deutschland bringen sich etwa 10.000 Menschen jährlich ums Leben, laut der Gesellschaft für Suizid-Prävention (2009) bedeutet das: Alle 47 Minuten findet ein Selbstmord statt.

- Nur etwa zehn Prozent aller Suizidversuche gelingen,

innerhalb von einem Jahr begehen zehn Prozent der überlebenden Opfer einen weiteren Selbstmordversuch. Etwa 75 Prozent aller Suizidversuche werden direkt oder indirekt angekündigt.

Warum ist der Selbstmord bloß so ein Skandal? Warum wird er so gerne verheimlicht, vertuscht, buchstäblich *tot*geschwiegen? Das Problem ist nicht, dass ein Mensch stirbt. Das ist meistens traurig, aber auf lange Sicht ohnehin unabänderlich. Das ist – ironischerweise – das Leben. Erst der Umstand, dass das Opfer all seinen Zurückgebliebenen einen Selbstmord *zugemutet* hat, ist offenbar nur schwer zu akzeptieren. Das Dilemma nämlich: Familie und Freunde können sich in diesem Fall nicht hinter dem verstecken, was gerne Schicksal oder Bestimmung, hin und wieder auch nüchtern »natürlicher Kreislauf« genannt wird. Nein, der Selbstmörder ist nicht offensichtlich krank gewesen, ist keinem Krebs und keiner Alkoholfahrt, keinem Bergrutsch oder Flugzeugabsturz zum Opfer gefallen. Er hat sich *umgebracht*, und Freunde und Familie verspüren oft ein Gefühl des Versagens. Aus ihrer Perspektive ist es nicht selten eine Frechheit, dass der Selbstmörder freiwillig weggeworfen hat, was sie offenbar so hoch schätzen. Nicht selten fragen sie (sich) wütend: »Warum hat er denn nichts *gesagt*?« Gegenfrage: Was hätte das geändert? Glaubt tatsächlich irgendwer da draußen, er sei in der Lage, einem ernsthaft zum Tod entschlossenen Menschen ein neues, besseres Leben zu garantieren? Mit ein paar warmen Worten, heißer Suppe und vagen Ideen für eine fröhliche Zukunft? Zeigen Sie mir einen und ich zeige Ihnen einen aufgeblasenen Dummkopf.

Mal angenommen, wir reden hier nicht von einem spontanen Impuls, einem tragischen Einfall, der einem nach der Trennung vom geliebten Partner, nach dem Verlust des Jobs oder dem Abstieg seines Lieblingsvereins kurzfristig das Gefühl vermittelt, das Leben sei so nicht mehr lebenswert. Es mag Leute geben, die verrückt genug sind, solchen Impulsen nachzugeben, die für ein paar Stunden vergessen, dass sie einen neuen Partner und einen neuen Job finden können – womöglich steigt ihr Verein schließlich im nächsten Jahr wieder auf. In solchen Fällen wäre ein Selbstmord ein sinnloser, alberner und tragischer Akt, bloß das (leider unumkehrbare) Äquivalent zu einem ordentlichen Besäufnis oder einem Sommer auf dem Jakobsweg.

Nein, worüber ich hier spreche, ist der sogenannte Bilanzselbstmord, eine Variante des Freitods, von der einige Eiferer behaupten, dass es sie in Wahrheit gar nicht gibt. Dieser Begriff fasst den Selbstmord als überlegten Akt freier Willensbildung auf der Basis einer nüchternen Analyse des eigenen Lebens und seiner weiterer Perspektiven auf. Nur der leidverliebte Katholik, der das Leben schon im Grundsatz als spaßbefreites Jammertal aufzufassen pflegt, welches es gefälligst bis zum bitteren Ende zu beschreiten gilt, könnte gegen diese Form der Selbstbestimmung ernsthaft etwas einzuwenden haben.

Verabschieden wir uns auch von dieser hässlichen Bezeichnung »Selbstmord«, impliziert sie doch, man sei nicht Herr über sein eigenes Leben und werde selbst dann zum

Mörder, wenn man es aus freien Stücken beendet. »Freitod« hingegen klingt nach einem Akt der Unabhängigkeit, nach einer Entscheidung, die bei vollem Bewusstsein und in Anbetracht aller verfügbaren Alternativen getroffen worden ist. Was also ist – bei allem Schmerz, den solch eine Entscheidung eines nahestehenden Menschen auszulösen vermag, bei allen Zweifeln an den Grundlagen solch einer Entscheidung – so ehrenrührig und falsch daran, sich selbst aus dem Leben zu nehmen?

Verstehen Sie mich nicht falsch, ich will hier keine Reklame machen für den Freitod. In den meisten Fällen gibt es sicher einige Optionen, die man ausprobieren sollte, bevor man sich zu diesem Schritt entscheidet. Ich halte den Suizid allerdings für das gute Recht eines jeden Menschen, der weiß, was er tut. Und ich zeige mit dem Finger auf jeden selbstgerechten Heuchler, der den Freitod eines Menschen als Sünde, Dummheit oder Verbrechen geißelt. Im Gegenteil: Im Wissen darum, sein eigenes Leben jederzeit selbstbestimmt beenden zu können, wenn die subjektive Last – aus welchen Gründen auch immer – zu groß wird, ist ein unerhört progressiver, fruchtbarer und beruhigender Gedanke. Es gehört nur eben Mut dazu, ihn nicht allein zu Ende zu denken.

In Jean Amérys Buch *Hand an sich legen* sind einige klare und unsentimentale Gedanken über das Menschenrecht enthalten, sich selbst zu töten. Es ist ein Manifest für den freien Willen, in dieser Hinsicht bin ich ganz bei ihm: »Das Zum-Tode-hin-Leben und der autonome Akt des Freitodes sind so ohne Weiteres nicht vergleichbar, mag immerhin das Resultat in beiden Fällen dasselbe sein. Wer sterben muss, der ist im Zustande des Antwortens auf ein Geschick, und seine Gegenrede besteht in Furcht oder Tapferkeit. Der Suizidant oder der Suizidär aber redet selber. Er spricht das erste Wort.«

DER WERTHER-EFFEKT

Mit dem Werther-Effekt werden solche Suizide bezeichnet, die sich den Freitod einer realen oder fiktionalen Person zum Vorbild nahmen. Das geht auf den Brief-Roman des jungen Johann Wolfgang Goethe zurück, der vor mehr als 200 Jahren eine regelrechte Suizid-Epidemie unter jungen Menschen auslöste.

Inzwischen ist der Werther-Effekt wissenschaftlich belegt: So schnellten beispielweise die Selbstmordraten nach der Ausstrahlung des TV-Films Tod eines Schülers in der entsprechenden Altersgruppe in die Höhe. Ein Beispiel für einen relativ aktuellen »Werther-Effekt« ist der Selbstmord des Fußballnationaltorhüters Robert Enke. In dem vorzüglichen Buch *Ein allzu kurzes Leben* beschreibt Ronald Reng, wie Enkes Nachahmer sich durch ihren eigenen Tod ihrem Fußballidol nahe fühlen wollten. Ein großes Missverständnis, wie Reng betont.

TIERWELT

FRIEDLICHES MITEINANDER?
Nicht immer sind Tiere gute Vorbilder, wenn es um das friedliche Miteinander geht. In Sachen Sex haben sie dann aber doch die ein oder andere interessante Idee ...

Nach Ein bisschen Frieden sehnt sich die Weltbevölkerung nicht erst, seit Schlagersängerin Nicole 1982 mit dem gleichnamigen Titel den Grand Prix Eurovision de la Chanson gewann. Bisher ohne allzu großen Erfolg. Dass ein friedliches und harmonisches Zusammenleben möglicherweise im Schlafzimmer beginnt, zeigen uns ausgerechnet ein paar putzige Affen im kongolesischen tropischen Regenwald, die Bonobos. Stinknormale Schimpansen auf den ersten Blick, aber mit einem Alleinstellungsmerkmal: Die kleinen Äffchen vögeln quasi rund um die Uhr. Das macht sie, so haben Zoologen beobachtet, zu rundum ausgeglichenen Lebewesen! Kein Witz. Fast jede soziale Interaktion mündet bei den Bonobos im erotischen Ringelpiez. Dabei zeigen sie sich einfallsreicher als die meisten Artgenossen: Der GV wird nicht ausschließlich a tergo, sondern zuweilen auch in der Missionarsstellung vollzogen, zudem wird oral stimuliert, mit der Zunge geküsst und technisch ambitioniert aneinander gerieben – es hat schon Silberhochzeiten unter Zweibeinern gegeben, die mit weniger Varianten im Schlafzimmer auskamen. Wobei es auch im sexuellen Gebaren der Bonobos einen Haken gibt, *nobody is perfect*: Zwar bescheinigen Verhaltensforscher den Bonobos entspannten, ja fast beiläufigen Sex, allerdings beträgt die durchschnittliche Kopulationsdauer 13 armselige Sekunden. Und das ist, zumindest nach menschlichen Maßstäben, doch etwas arg beiläufig!

Es gibt Tierarten, die sind mit dem Sex fertig, da hat sich der Leutheusser-Schnarrenberger unter den Mäusearten noch nicht mal vollständig vorgestellt: Bis zu 24 Stunden kopuliert der Kammschwanz-Mäuserich, auf vier Beinen. Allerdings gibt es dabei tückische Kollateralschäden bei ihm und anderen Raubbeutlern wie etwa dem Pinselschwanzbeutler oder dem Breitfuß-Beutelmäuserich. Nach der ersten Paarung sterben nahezu alle Männchen an den beim Sex ausgeschütteten Stresshormonen. Da stellt sich die Frage, ob dieser Sexmarathon das Risiko wert ist. Übrigens das gleiche Problem, vor dem betagte Viagra-Liebhaber unter den Menschen-Männchen immer wieder stehen.

DIE GUTE NACHRICHT FÜR DAS ECHSENWEIBCHEN: Es kann sich mit zwei Penissen gleichzeitig vergnügen, ohne einen Swingerklub besuchen zu müssen. Ein einzelner Echsenherr verfügt (übrigens genau wie die männliche Schlange) über gleich zwei Gerätschaften für die Fortpflanzung. Die schlechte Nachricht: So ein Echsenmann kann auf charmante Komplimente gut verzichten, denn er verfügt an seinen *Joy-Twins* zusätzlich über ausklappbare Widerhaken. Gegen seinen Willen kann sich das Echsenweibchen also nicht aus der stundenlangen, bis zu zwanzig Stunden langen Umklammerung lösen. Ob das dann noch als einvernehmliches Vergnügen bezeichnet werden kann, wäre vor dem Tiergericht zu klären.

MANCHMAL IST GUTER SEX einfach eine Frage der Ausstattung. Nehmen wir den Eber. Ein pfiffiges Kerlchen mit ausdauerndem Sex. Lernen können Männer allerdings wenig von ihm, denn sein Geheimnis ist keine Frage der Technik, sondern der Physik: Der Eber ist mit einem pfiffigen Korkenzieherschwanz ausgestattet, und den dreht er beim Sex passgenau in die zu diesem Zweck bereits geriffelte Vagina der auserwählten Sau. (Wem das zu anrüchig klingt, der denke einfach an das Prinzip »Schraube-Mutter«.) Das sitzt, wackelt aber nicht und hat auch keine Luft. So eine Schrauberei kann bis zu dreißig Minuten dauern. Dass der Orgasmus von Schweinen allerdings so lange dauert, wie es manchmal in gewohnt schlecht unterrichteten Kreisen behauptet wird, ist ein Ammenmärchen. Aber das glaubt einem ohnehin keine Sau.

An diesem Koloss sollten sich Männer ein Vorbild nehmen. Nun ja, zumindest partiell: Der Buckelwal nämlich ist ein charmanter Vorspiel-Akrobat. Stundenlang schwimmt er um das Objekt seiner Begierde herum, rubbelt, stupst und schubbert an ihr, bis die von so viel Liebreiz ermattete Wal-Dame endlich den Weg so frei macht wie die Volks- und Raiffeisenbanken. Allerdings erlebt sie dann eine Überraschung: Der Buckelwal ist gemessen an dem Aufwand, den er vorher betrieben hat, mit dem eigentlichen Akt doch recht schnell am Ende. Einmal mit dem Kopf aus dem Wasser, in Missionarsstellung zugestoßen, fertig, aus. Kommt Ihnen bekannt vor? Sprechen Sie mit niemandem darüber.

DER ELEFANT IST BEIM LIEBESSPIEL deutlich ausdauernder. Allerdings liegt auch seine Stärke eher in der variantenreichen und ausdauernden Balz. Kommt es zum Akt, hat er keinerlei exotische Kunststücke in petto. Hat er sowieso nicht nötig. Sobald ihm die inzwischen ausreichend erwärmte Elefantendame barmend den Rücken zudreht, steigt er auf, bläst in die Trompete und lässt Fakten sprechen – 1,5 Meter in seinem Fall. Anderthalbmeter!!! Von wegen *Size doesn't matter*! Und für Jungs, die entschuldigend auf eine weniger eindrucksvolle Gerätesubstanz verweisen, der Hinweis: Gewisse Ausstattungs-Defizite sind durch Einsatz, Einfallsreichtum und Hingabe beim Vorspiel auszumerzen. So schlau ist ja sogar der Elefant!

MÖGLICHERWEISE LIEGT DER englische Zoologe Colin Tudge richtig: In seinem Buch *Wir Herren der Schöpfung* behauptet er, Sex sei eine der abartigsten Erfindungen der Biologie, für die Fortpflanzung ineffizient und außerdem gefährlich. Das mag alles wahr sein – aber sagen Sie das mal einem *Nashorn*! Wenn sich der Nashornbulle dazu aufgerafft hat, seine Zentner für das Liebesspiel in Wallung zu bringen, dann ejakuliert der Bursche innerhalb einer Stunde bis zu fünfzig Mal! Wie erbärmlich dagegen der Stolz des französischen Schriftstellers Guy de Maupassant, der es für geboten hielt, sich von einem Notar in einem Bordell beglaubigen zu lassen, er habe »in einer Stunde sechs Mal der Venus geopfert.« Was die ihm behilflich gewesene Dame zu seinem Rekord zu sagen hatte, ist nicht überliefert. Es ist aber davon auszugehen, dass sie nicht sonderlich *amused* war, denn Quantität ist nicht gleich Qualität. Auch das lernen wir im Tierreich, allerdings von der Nashorndame: Trotz des Orgamus-Festivals ihres Besteigers sind ihr sexuelle Höhepunkte völlig unbekannt.

IN EROTISCHER HINSICHT sind uns die Tiere also in vielen Dingen voraus. Nicht nur quantitativ. Sie lassen sich auch etwas einfallen, um an ihr Ziel zu kommen. Männer sind Schweine? Nun ja, manchmal wollen auch Buntbarsche nur das Eine – es sich oral besorgen lassen. Das läuft so: Der Buntbarsch weiß, dass das Buntbarschweibchen seine Eier in der Mundhöhle ausbrütet. Genialerweise ist er in der Lage, seinen Penis mit kleinen Punkten zu verzieren, so dass es für das Weibchen aussieht, als handle es sich bei seinem Gemächt um abhandengekommene Eier, die sofort – oral! – aufzusammeln sind. So weit so gut. Den Rest können Sie sich denken. Böser Buntbarsch! Aber was soll er machen, er folgt lediglich seinem genetischen Auftrag.

Vorsicht: Die folgende List aus dem Tierreich führt in unserer zivilisierten Kultur sofort vor den Kadi. Wir reden hier über die gemeine Staubmilbe, einen Beischlaf-Ganoven der übelsten Art. Die männliche Milbe betäubt das Weibchen vor dem Akt mit einem Sekret, das wie die legendären K. O.-Tropfen funktioniert. Hängt Madame Milbe dann dämmrig in den Seilen, justiert *er* sich mittels Saugnäpfen an ihrem Körper und verlustiert sich anschließend, wie und so lange es ihm gefällt. Das kannte man bisher nur von den After-Show-Parties der Rolling Stones.

Sado-Masochismus und Weinbergschnecken, das hätte man bislang auch nicht unbedingt in einem Satz vermutet. Doch was soll man anderes von possierlichen Geschöpfen wie den Weinbergschnecken halten, wenn sie sich gegenseitig beim Sex zentimeterlange Kalkpfeile in den Körper schießen und es dann angekettet *rudelrumms* in der Gruppe miteinander treiben. Weinbergschnecken nämlich sind Zwitter – jeder begattet jeden. Wieso bloß ist noch kein Swingerklub darauf gekommen, eine Weinbergschnecke auf das Firmenlogo zu malen?

Falls Sie das hinterhältige Treiben der Milbe oder das lästerliche Tun der Weinbergschnecke allzu aufgewühlt hat, können wir Ihnen abschließend nur empfehlen, sich bei Dr. Tatiana schlau zu machen, einer Tier-Sexpertin aus Oxford. Dr. Tatiana (bürgerlich: Olivia Judson) hat in ihrem Buch *Dr Tatiana's Sex Advice to All Creation* sehr smart über die erstaunlichen Erkenntnisse der Evolutionsbiologie geschrieben und darüber, warum und auf welche Art und Weise Tiere versuchen, ihren Genen einen möglichst guten Standortvorteil zu verschaffen. Denn darum geht es uns allen doch am Ende – egal welche spaßigen und ambitionierten Praktiken wir auf dem Weg dorthin auch immer anwenden mögen.

MYTHEN

ÜBER DEN WOLKEN
Es ist ein Rätsel der Menschheit und dürfte schon Generationen von Saftschubsen Rätsel aufgegeben haben: Wieso verlangt der gemeine Luftfahrtkunde nach Tomatensaft, kaum dass sein Flieger die Startbahn unbeschadet verlassen hat?

Am Tresen seiner Lieblings-Bar käme kein Mensch darauf, das Zeug zu bestellen. Nicht ohne alkoholischen Zusatz jedenfalls. Jahrzehntelang galt der Erklärungsansatz, dass eine Luftreise immer noch etwas Besonderes sei und deshalb mit bestimmten, außergewöhnlichen Ritualen verbunden. Unter anderem eben auch mit der Bestellung jenes sämigen Gesöffs, das – seien wir ehrlich – nur den wenigsten Gaumen wahre Wohlgenüsse bereitet. Trotzdem war Tomatensaft im Flieger schon immer ein Hit. Sobald eine Person danach fragt, erinnern sich plötzlich viele der anderen Passagiere wieder und ziehen nach. Bleibt die Initialzündung aus, wird auf manchen Flügen kein einziges Mal nach Tomatensaft verlangt. Es ist also eine Mischung aus Ritual und *Me-too*-Verhalten, das Tomatensaft zum Luftfahrtrenner macht? Nicht ganz, wenn man einer neuen Untersuchung Glauben schenken möchte.

Das Fraunhofer-Institut hat im Auftrag der Lufthansa wissenschaftlich untersucht, warum in Flugzeugen so gerne Tomatensaft bestellt wird. Die Antwort verblüfft: Tomatensaft zu mögen bleibt zwar weiterhin albern, wenn Sie mich fragen, aber möglicherweise entfaltet er in der Luft tatsächlich Qualitäten, die er am Boden nicht hat. Angeblich nehmen Fluggäste den Geschmack von Tomatensaft in der Luft intensiver wahr. Aroma-Chemikerin Andrea Burdack-Freitag vom Fraunhofer-Institut sagte im ZEIT-Magazin: »Tomatensaft wurde bei Normaldruck deutlich schlechter benotet als bei Niederdruck. Er wurde als muffig beschrieben. Unter Kabinendruck hingegen traten angenehm fruchtige Gerüche und süße, kühlende Geschmackseindrücke in den Vordergrund.«

Sie hatte im Originalrumpf eines Airbus A310 einen Geschmackstest durchgeführt, wobei das Flugzeug in einer Niederdruckkammer stand. Viele Tester bewerteten die servierten Speisen als fade. Nach Angaben der Wissenschaftlerin liegt die sogenannte Geruchs- und Geschmacksschwelle bei niedrigem Druck höher, man rieche die Speisen und Getränke »als hätte man einen Schnupfen«. Da muss man schon mit würzigen Aromen auftrumpfen, um wahrgenommen und gemocht zu werden – wie der Tomatensaft.

WEIN

DIE EDELSTEN TROPFEN DER WELT?
(Auf jeden Fall einige der teuersten ...)

»*Der Wein wirkt stärkend auf den Geisteszustand,
den er vorfindet: Er macht die Dummen dümmer,
die Klugen klüger.*«
JEAN PAUL

ICH WILL DAS NICHT ÜBERBEWERTEN: Man muss kein ausgewiesener Weinkenner sein, um beim romantischen Dinner mit der Dame des Herzens zu punkten oder beim Geschäftsessen nicht unangenehm aufzufallen. In der Regel haben Fachkräfte in ausgesuchten Bars oder Restaurants immer eine gute Empfehlung parat. Trotzdem wäre es nicht verkehrt, im Laufe der erwachsenen Jahre wenigstens einige Grundkenntnisse im Umgang mit gutem Wein zu erwerben. Selbst wenn Sie nicht auf Brautschau sind, empfiehlt es sich im eigenen Interesse, Rotkäppchen- und andere verkappte Essigessenzen aus dem ersten Teil der Weinkarte zu meiden. Mit den folgenden Weinen machen Sie keinen Fehler. Es sind einige der edelsten, die ich für Sie auftreiben konnte ... Lernen und genießen Sie!

CHÂTEAU PÉTRUS

Roter Bordeaux. Spötter behaupten: eher ein Anlageprodukt als ein Getränk. Hoher Qualitätsanspruch, extrem geringe Produktion. Wenn es vor der Ernte zu nass ist, kreisen über den Reben tieffliegende Hubschrauber – zum Trocknen. Chichi? Vielleicht, aber: Der Wein mundet den Kennern. Der teuerste Jahrgang des Château Pétrus ist der 1961er, von dem eine Flasche auf einen Preis von etwa 15.000 Euro kommt. Auch die anderen Jahrgänge finden sie vermutlich nicht beim Weinhändler um die Ecke.

CHÂTEAU LAFITE-ROTHSCHILD

Wie das schon klingt: Château Lafite-Rothschild! Hat jeder schon mal gehört, und sei es nur im Loriot-Sketch ... Angeblich duften alle Weine dieses renommierten Guts nach Mandel und Veilchen. Gehobene Lebensart, die allerdings auch anständig kostet: Die wohl teuerste Flasche des Weinguts entstammt dem Jahrgang 1899 und wurde auf einer Auktion für 11.500 Euro verkauft. Wie man sich das vorzustellen hat, wenn so eine Flasche dann getrunken wird? Dröpje voor Dröpje vermutlich. Heute sind Preise um die 2000-3000 Euro für jüngere Jahrgänge ganz normal – pro Flasche versteht sich.

DOMAINE DE LA ROMANÉE-CONTI
Wer hat's erfunden? Nicht die Schweizer! Die Benediktinermönche im Burgund waren es. Bereits im 13. Jahrhundert legten sie ein paar Weinberge an und bauten mit viel Geschick ein Gut auf, das bis heute zu den besten der Welt zählt. Das hat seinen Preis: Es wurden schon 7000 Euro für eine Flasche vom Romaneé-Conti bezahlt. Von ungefähr kommt das nicht. Alle Weinbergflächen werden streng nach biodynamischen Grundsätzen bewirtschaftet. Die Gärung findet in einem offenen alten Holzbottich (Cuve) statt – aber nicht in irgendeinem: Der Romanee-Conti wird ausschließlich in der Cuve Nr. 17, einem Bottich aus dem Jahr 1862 vergoren!

CHÂTEAU LE PIN
Nachwuchsstar unter den Weltklasse-Weinen. Erst in den achtziger Jahren wurde auf dem Weingut in der Nähe von Bordeaux erstmals Spitzenwein hergestellt, dann aber mit aller Konsequenz: mit strenger Ertragsbeschränkung auf rund dreißig Hektoliter pro Hektar. Handlese. Gärung in Edelstahl. Ausbau ausschließlich in neuen Barriques. Der Wein wird während des 18-24 Monate dauernden Fassausbaus alle drei Monate abgezogen, mit Eiweiß geschönt und schließlich ohne Filterung abgefüllt. Was das heißt, kann ich Ihnen natürlich auch nicht so genau sagen – aber es scheint den Leuten zu munden: Seine insbesondere ab Ende der achtziger Jahre herausragende Qualität und

die Tatsache, dass es diesen Wein nur in äußerst geringen Mengen gibt, machen ihn zu einem begehrten Spekulationsobjekt. Ach ja, reden wir über die Preise: Eine Flasche des Jahrgangs 1990 kostet beispielsweise mindestens 1000 Euro – sofern man ihn überhaupt erstehen kann. Meistens gelangen nicht allzu viele Flaschen auf den freien Markt. Auf dem zwei Hektar kleinen Gut werden höchstens 8000 Flaschen pro Jahr erzeugt.

NUMANTHIA

Selbst der ausgewiesene Branchenspezialist Weinkenner geriet ins Schwärmen angesichts dieser spanischen Sensation: »Einen Waffenschein« brauche der arglose Trinker für diesen »vor Frucht berstenden, explosiven« Rotwein. Nun. Er braucht vor allem auch ein wenig Kleingeld, denn eine Flasche des für spanische Weine eher hochprozentigen Getränks (14,5 Prozent) kostet zwischen 140 und 150 Euro. Dass dieses eher ungewöhnliche Weingut in kurzer Zeit zu solcher Berühmtheit gelangte, ist Robert Parker zu verdanken: Der amerikanische Weinpapst vergab die Höchstpunktzahl von hundert Parker-Punkten für den legendären Numanthia Jahrgang 2004. Eine Sensation.

Wer der wichtigste Buch- oder Musikkritiker der Welt ist, lässt sich nicht mit eindeutiger Sicherheit bestimmen. Anders ist das im Fall der Weinkritik: Robert Parker heißt der Rechtsanwalt aus Baltimore, der unwidersprochen als weltweiter Weinpapst anerkannt wird. Er entwickelte 1978 einen Weinführer mit dem Namen *The Wine Advocate*, der sich inzwischen auf über 40.000 Abonnenten in 38 Ländern stützt. Das Besondere an seinem »unabhängigen« Newsletter: Keine Anzeigen. Und ein ausgeklügeltes Punktesystem. Das Weingut, das bei Parker hundert Punkte ergattert (die sogenannten Parker-Punkte, kurz PP) hat ausgesorgt. Das kommt allerdings nicht allzu häufig vor. Kritiker behaupten, Parker sei zu geschmäcklerisch, zu konservativ, und würde die roten Bordeaux bevorzugen. Fakt ist, dass Parker tatsächlich Einfluss auf die Preisgestaltung der Weingüter nehmen kann. Für den Normalverbraucher gilt: Bis achtzig PP kann man den Wein noch bezahlen und geht trotzdem auf Nummer sicher.

WILDLIFE

DIE FÜNF UNANGENEHMSTEN TIERE AUSTRALIENS

Wer träumt nicht von einem Besuch in Australien, wenigstens einmal im Leben? Machen Sie das unbedingt, es wird Ihr Leben bereichern. Es gibt dort allerdings fünf Lebewesen, die Sie besser meiden sollten, wenn Sie bei Verstand sind.

»Nicht in der Stadt, erst in der Wildnis
lernt man den Mann kennen.«

NIGERIANISCHES SPRICHWORT

DER WEISSE HAI

Beginnen wir mir dem Klassiker. Und mit einer Überraschung: Der Hai gehört in Australien zwar zum Gegenstand jeder Lagerfeuerfolklore und wird vom gemeinen

Seichtwasser-Strampler beinahe so sehr gefürchtet wie das Ozonloch, aber in Wahrheit ist der Hai ein vergleichsweise harmloser Geselle, egal ob er als Weißer Hai, Hammerhai oder Tigerhai daherkommt. Dazu muss man wissen: Der Mensch gehört nicht mal zum Futterspektrum des angeblich so blutrünstigen Meerestieres. Falls er sich in der Dämmerung in humanverseuchte Gewässer verirrt und dort unglücklich provoziert wird – offene Wunden und Fleischköder helfen in dieser Hinsicht –, greift er zwar durchaus an, dreht aber nach einer kurzen Geschmacksprobe gerne wieder ab. Letzteres war im Oktober 2003 leider nicht der Fall, und Profisurferin Bethany Hamilton bekam auf Hawaii den linken Arm abgetrennt – was die damals 13-jährige Surferin jedoch nicht davon abhielt, einen Monat später wieder auf dem Brett zu stehen und als Profi Karriere zu machen. Ihre Lebensgeschichte wurde übrigens kürzlich erst mit Helen Hunt und Dennis Quaid verfilmt. Wozu ein Tigerhai so alles gut sein kann ... Okay, eine gemeinsame Schwimm-Session mit einem Hai gehört wohl eher zu den spektakuläreren Abenteuern, die man noch erleben möchte. Hier trotzdem eine Info aus der Sparte »Relativitätstheorien«: Im Jahre 2000 kamen 150 Menschen durch eine herabfallende Kokosnuss ums Leben. (Neue Zahlen liegen mir leider nicht vor.) Durch Haiangriffe hingegen kommt in Australien durchschnittlich *ein* Mensch pro Jahr um. Think!

DAS SALZWASSERKROKODIL
Wissen Sie, was das Gemeine am bis zu sieben Meter langen Salzwasserkrokodil ist? Es trickst schon beim Namen!

Während Sie sich im australischen Western Territory an einem harmlos erscheinenden Flusslauf wohlig der Sonne zuwenden und ein vermeintlich ebenso harmloses 0815-Krokodil beobachten, hat sich ein Salzwasserkrokodil in süße Gewässer geschlichen und wartet nur darauf, dass Sie ihm zu nahe kommen. Von wegen Salzwasser! Fair ist das nicht, aber es gibt Hinweise, durch die Sie die Reptilien voneinander unterscheiden können: Im Gegensatz zum Süßwasserkrokodil ist die Schnauze des sehr viel gefährlicheren Salzwasserkrokodils sehr breit und sein Panzer dunkel gefärbt. In der Regel kommen die Schuppenmonster nicht an Land, aber wenn das Futter knapp wird, sind kurze Wegstrecken sehr wohl auch außerhalb des Wassers willkommen. Achten Sie darauf, dass nicht Sie dafür in Frage kommen. Und falls Ihnen so ein Salzwasserkrokodil tatsächlich mal an Land begegnet, vornehmlich in der Nacht: Nie, und ich sage nie versuchen, durch den Raum zwischen Krokodil und Wasser zu fliehen – das ginge nicht gut aus. (Zur Beruhigung: In den letzten dreißig Jahren hat es in Australien gerade mal zwanzig Todesfälle durch Salzwasserkrokodile gegeben. Die Chance, im Lotto zu gewinnen oder eine Affäre mit Lady Gaga zu haben, ist größer. Nur so als Beispiel.)

THE TAIPAN

Die giftigste Schlange der Welt, die natürlich wie fast alle Tiere mit erhöhtem Gefahrenpotential ebenfalls in Australien lebt, wird bis zu vier Metern lang und verfügt über erstaunlich lange Zähne. Der englische Name des Inland-Taipans, *Fierce Snake*, bedeutet »Wilde Schlange«. So wurde der Inland-Taipan von Farmern genannt, die glaubten, die Schlange würde ihr Vieh jagen. Tatsächlich war sie nur hinter den Mäusen her, die vom Vieh aufgescheucht wurden. Bis ein Serum gegen das Gift der gefährlichen Giftnatter entwickelt wurde, hatten nur zwei Menschen einen Biss dieses unangenehmen Geschöpfs überlebt. Gemein seine Jagdstrategie: Kurz zubeißen, aus gebührender Entfernung abwarten, bis die Beute dahinfleucht, Mahlzeit! Zum Glück betrifft das in den seltensten Fällen Menschen. Trotzdem: Der braun-grünlich schimmernden Waffe sollte man möglichst aus dem Weg gehen – gegen den Taipan ist eine Kobra ein Schmusetier.

DIE SYDNEY-TRICHTERNETZSPINNE
Klingt besonders auf Englisch lustig (*The Sydney funnel-web spider*), ist aber die wohl tödlichste Spinne der Welt: Standesgemäß durchgängig schwarz gewandet wird das gefährlichere Spinnenmännchen etwa 2,5 cm lang und hauptsächlich in New South Wales in der Gegend um Sydney gesichtet. Es verfügt über eine ordentliche Menge eines Nervengifts namens Delta-Atracotoxin, das ziemlich üble Auswirkungen haben kann. Die Spinne ist zwar hauptsächlich nachtaktiv, aber die schlechte Nachricht: Sie ist schwer zu erkennen und furchtbar aggressiv, wenn sie sich gestört fühlt. Wer gebissen wird, hat eine kleine, feine Auswahl an Symptomen zu erwarten. Große, schlimme, *arge* Schmerzen (so viel war klar...), gefolgt von starkem Schwitzen und Muskelzittern, teilweiser Lähmung einiger Körperpartien bis hin zum Fall ins Koma. Man muss schnellstmöglich ein Serum verabreicht bekommen, um das Schlimmste zu

verhüten. Zum Schluss die gute Nachricht: Der Biss der Sydney-Trichternetzspinne gehört zu den unangenehmsten Erfahrungen, die man mit Kleintieren machen kann, aber sie ist nur sehr selten tödlich. Sehr, sehr selten!

BLUEBOTTLES

Mutproben für Männer, *here we are*. Die Aufgabe lautet: Bei Bluebottles-Warnung an einem australischen Strand trotzdem ins Wasser gehen! Vorsichtshalber versichere ich Ihnen: Sie sind *keine* Pussy, wenn Sie sich das nicht trauen! Und nein, Bluebottles haben nichts mit Bols Curacao Blau oder ähnlich gefährlichen Spirituosen zu tun. Wir reden hier, unwissenschaftlich ausgedrückt, über schräg aussehende Quallen-Blobs. Meistens schwimmen Bluebottles zwischen Oktober und März bei einem bestimmten Mix aus Strömung und Temperatur in die feinen australischen Buchten. Wer bei Verstand ist, geht an solchen Tagen nicht ins Wasser. Warum? Nun: Wer jemals das Vergnügen hatte, seine Extremitäten von ihren Tentakeln umwickelt zu bekommen, fragt nie wieder danach. »Schmerz in einer ganz neuen Dimension!«, würde ich texten, wenn ich ein Werber wäre. Bluebottles sind nicht bloß *ein* Tier, sondern vier Organismen, die sich im Ozean zu einer Art Lebensgemeinschaft des Grauens zusammenfinden. Sie werden aufgrund ihres Aussehens zu deutsch auch »Portugiesische Galeere« genannt. Die blaue Blase dient gewissermaßen als Segel, die – bis zu zehn Meter langen – Tentakel vor allem dazu, lästige Schwimmer zu stechen; dazwischen hängen Polypen, also Nesseln, die bei der Ernährung helfen. Die kleinen Teufel stechen wie nichts Gutes, verursachen zudem Übelkeit und Beklemmungen bis hin zur Atemnot. Wem das widerfährt: Eine heiße Dusche hilft fürs Erste (wie übrigens ebenso beim Rochenstich), auch eine Ladung Eis auf die betroffenen Hautpartien hat schon dem ein oder anderen geholfen – dann aber nichts wie ab zum Arzt. Fatal: Essig! Das regt die Nesseln in der Haut zu noch mehr Giftabsonderung an und verschärft die Qual. Also Männer: Wer es ganz genau wissen will, nichts wie rein ins Wasser. Man überlebt das in der Regel. Selbst die australischen Macho-Mates werden Ihnen anerkennend zunicken, wenn sie mutig ins Wasser springen – in gebührender Entfernung allerdings.

DIE WÜRFELQUALLE

Okay, so ein Bluebottle ist recht schmerzhaft und vor allem: sieht gut aus. Gegen die gemeine Würfelqualle aber ist der blaue Glibscher ein harmloses Wasserspielzeug. Die Würfelqualle hat bis zu drei Meter lange Tentakeln, was ein wenig unangenehm sein kann, wenn man in der Nähe schwimmt: Die Berührung mit dem auf Bildern schon sehr miesgelaunt aussehenden Quallenmonster führt innerhalb von einigen Minuten zum Tod, wenn keine profunden Gegenmaßnahmen ergriffen werden. Die Qualle ist ein Killer, und zwar ein viel effektiverer als etwa Schlangen oder Skorpione oder der geradezu handzahme Weiße Hai. In Australien begegnet man ihr (besser nicht) im Northern Territory, in Queensland und in West-Australien. Die Zahl ist nicht bestätigt, aber sie wird als sehr wahrscheinlich eingestuft: In einem Jahr rafft die Würfelqualle bis zu fünfzig Menschen dahin, der Weiße Hai hingegen gerade mal einen. Wieso Spielberg noch keinen Film über die Würfelqualle gedreht hat, bleibt schleierhaft.

EIN VORBILD FÜR ECHTE MÄNNER:

Bryan Fry ist eigentlich nichts weiter als ein Professor aus Melbourne, ein Chemiker und Biologe, um genau zu sein. Klingt laaangweilig! Dass er trotzdem einen der aufregendsten Jobs in ganz Australien hat, liegt an seiner Obsession: Der Mann liebt Schlangen. Vor allem die über hundert giftigen Arten in seinem Heimatland. Und so begibt er sich beinahe täglich auf die Jagd nach ihnen, hauptsächlich im australischen Outback. Der Taipan ist dabei sein bevorzugtes Suchobjekt. Ein besonders mutiger Spinner? Möglicherweise. In erster Linie macht Fry das allerdings, um das Gift der Schlangen für die Wissenschaft zu retten – aus dessen Bestandteilen kann man nämlich tatsächlich Herz- und Nervenkrankheiten kurieren. Der Preis seines Wagemuts? Der Biss einer Wasserschlange und ein knappes Jahr Rekonvaleszenz. Trotz Serum. *What a man, what a man, what a mighty, mighty good man.*

ZAHLENSPIELE

NUTZLOS, ABER AMÜSANT
Wie wir alle wissen, interessieren sich Männer nicht für Gefühle, Ahnungen, Schwingungen. Handfest soll es sein! Aus diesem Grund nun ein paar garantiert nicht verhandelbare Zahlen und Fakten, die beeindrucken.

»Die Ahnung der Frau ist meist zuverlässiger als das Wissen der Männer.«
JOSEPH RUDYARD KIPLING

1 LASERPOINTER
... wurde 1995 bei AuctionWeb, wie der Vorläufer von eBay hieß, für 15 Dollar verkauft. Das Besondere daran war nicht die Tatsache, dass der Laserpointer defekt war. Nein, die 15 Dollar wurden von Pierre Omidyar eingenommen,

dem Firmengründer von eBay. Es handelt sich dabei um das erste Produkt, das jemals bei eBay online versteigert wurde. Heute ist der US-amerikanische Geschäftsmann mit iranischen Wurzeln mehrfacher Milliardär und nicht mehr aktiv im Unternehmen tätig; mittlerweile bevorzugt er den philantropischen Bereich.

1,564 MILLIARDEN US-DOLLAR

... hat die englische Autorin Joanne Rowling bislang durch ihre sieben Harry-Potter-Bände verdient. Bevor sie 1995 den ersten Potter-Band veröffentlichte, war sie noch arbeitslos und erhielt Sozialhilfe. Genaueste Fakten über ihre Einkünfte sind – bei dieser Größenordnung verständlich – nicht ermittelbar, doch die Rechnung, die der Journalist Peter Hossli in seiner Reportage *An Potters Zauberstab hängen die Milliarden* aufgemacht hat, klingt einleuchtend: Mindestens 325 Millionen Bücher in 65 Sprachen sind nachweislich bisher verkauft worden. Der siebte Band wurde allein in den USA mit einer Auflage von zwölf Millionen lanciert. Dabei hatten ursprünglich zwölf Verlage das Manuskript abgelehnt. Nur tausend Stück umfasste die Startauflage. Die Filmrechte der ersten vier Bücher musste Rowling noch für unter zwei Millionen Dollar an Warner Brothers abtreten. Mittlerweile ist sie beteiligt an Kino-, DVD- und Fernseh-Einnahmen. Rowling kassiert ebenfalls Anteile an den lukrativen Merchandising-Einnahmen. Hosslis Rechnung en détail: Verkauf Bücher: 1,2 Milliarden Dollar; Film, DVD, Fernsehen: 0,067 Milliarden Dollar; Merchandising: 0,297 Milliarden Dollar. Macht insgesamt 1,564 Milliarden Dollar. Nicht schlecht bei einem Materialeinsatz von (von mir) geschätzten 500 Dollar.

2,63 MILLIONEN BRITISCHE PFUND

... erbeutete die 15-köpfige Gangstertruppe um den berüchtigten englischen Räuber Ronald Biggs am 8. August 1963 aus dem Postzug von Glasgow nach London. Heutiger Wert: knapp 50 Millionen Euro. Dieser Raub ging als »The Great Train Robbery« in die Geschichte der tolldreisten kriminalistischen Husarenstücke ein. Die Unterhaltungsbranche hat nicht lange überlegen müssen: 1966 durfte *Derrick* Horst Tappert in dem auf den berühmten Raub basierenden Film namens *Die Gentlemen bitten zur Kasse* schon die Hauptrolle spielen.

Ronald »Ronnie« Biggs wurde aufgrund seiner schillernden Persönlichkeit zum bekanntesten Aushängeschild der Räuberbande, ja sogar zu einer Art Popstar. Er wurde gefasst, zu dreißig Jahren Gefängnis verurteilt, floh nach Brasilien und hielt dort einen Rottweiler namens Blitzkrieg, mit dem er sich später – längst wieder pleite – gegen Geld fotografieren ließ. Mit der Punkrockgruppe Sex Pistols nahm Biggs 1978 das Stück *Nobody is innocent* auf, 1991 spielte er mit den Toten Hosen die Single *Carnival in Rio (Punk Was)* ein. Inzwischen ist Ronald Biggs freiwillig nach England zurückgekehrt, musste jedoch aufgrund seines schlechten körperlichen Zustands aus dem Gefängnis entlassen werden.

6,2 MILLIONEN US-DOLLAR

... für eine Handvoll Herpes. Das verlangte jedenfalls Michelle Tish Carter von ihrem ehemaligen Freund Robin Williams. Der Komödiant – durchaus bekannt für seine polygamen Vergnügungen – hatte Tish Carter in einem Club kennengelernt, in dem er selbst als Stand-Up-Comedian auftrat. Im Laufe der Beziehung soll er die hübsche Kellnerin mit einem ausgewachsenen Genitalherpes angesteckt haben. Michelle Tish Carter zog vor Gericht und hatte wohl die Absicht, die kostbarste Geschlechtskrankheit aller Zeiten zu Markte zu tragen. Williams selbst spottete in Anspielung auf den Hollywood-Reißer *Fatal Attraction*, dass es sich in seinem Fall wohl eher um »Financial Attraction« handele. Es ist fraglich, ob Michelle Tish Carter wirklich einen so hohen Betrag einstecken durfte, das Verfahren wurde jedenfalls 1992 gegen die Zahlung einer nicht veröffentlichten Summe eingestellt. Womöglich spielte der nicht ganz saubere Ruf von Tish Carter dabei eine Rolle, obwohl ihr eigener Anwalt wie ein Löwe gegen dieses miese Image ankämpfte: »Meine Mandantin hatte zu dieser Zeit nur zwei weitere sexuelle Begegnungen mit zwei anderen berühmten Komödianten.« Na dann.

9,3 MILLIONEN MARK

... waren dem *Stern* 1983 die Tagebücher von Adolf Hitler wert. Das Problem dabei: Diese Tagebücher existierten nicht, bis sie der Maler und Kunstfälscher Konrad Kujau in seinem Atelier erschuf – optisch und inhaltlich derart glaubwürdig, dass er die Stern-Granden und sogar unabhängige Historiker wochenlang täuschen konnte. 62 Tagebuch-Bände drehte er dem Reporter Gerd Heidemanns an – erst als der *Stern* die vermeintlich bahnbrechenden Dokumente veröffentlichte, flog die Fälschung schließlich auf. Die *Stern*-Chefredaktion musste ebenso gehen wie Kujau, dieser dafür gleich ins Gefängnis: Viereinhalb Jahre lautete das Urteil für den berühmten Fälscher, der aber aufgrund einer Krebserkrankung schon nach drei Jahren entlassen wurde. Zu seiner Popularität trug bei, dass sich ganz Deutschland im Kinofilm *Schtonk* über sein kriminelles Schaffen amüsierte. In der Rolle Kujaus: Uwe Ochsenknecht.

17,5 HEKTAR
... misst die größte Ritterburg der Welt. Es handelt sich um die Marienburg in Polen, etwa sechzig Kilometer von Danzig entfernt. Erbaut wurde sie von deutschen Ordensrittern zwischen 1270 und 1300. Eine weitere imposante Zahl: Rund zehn Millionen rote Backsteine wurden in der Marienburg verbaut. Abwechslungsreich auch die Geschichte des Wunderwerks. Die Marienburg diente als Königsresidenz sowohl polnischen als auch preußischen Herren, und musste später auch als schlichte Kaserne herhalten. Nach dem Zweiten Weltkrieg fiel die stark beschädigte Burganlage an Polen, das sie originalgetreu wieder aufbauen ließ. Seit 1997 gehört sie zum UNESCO-Welterbe.

20 PROZENT ALLER AUTOUNFÄLLE IN SCHWEDEN
... werden von Elchen verursacht, Tendenz steigend. Angeblich sind aber nur wenige Mercedes-A-Klasse involviert, die wegen ihres Elchtests 1997 weltweit ins Gerede

kamen... (In Deutschland hieß der Test offiziell »Ausweichtest«, aber »Elch« ist natürlich einprägsamer.) Rund 5000 Zusammenstöße von Autos mit Elchen registrieren die schwedischen Behörden jährlich. Überraschend ist der Anstieg der Unfälle vor allem deswegen, weil die Anzahl der Elche in den schwedischen Wäldern angeblich ständig weiter sinkt. Ein Elch wird bis zu 800 Kilogramm schwer, drei Meter lang und bis zu sechzig Kilometer schnell – wenn es zu einem unfreiwilligen Zusammentreffen zwischen Mensch und Tier kommt, hat das fast immer schwerwiegende Folgen. Mehr als zehn Menschen pro Jahr verlieren dabei im Durchschnitt ihr Leben.

60 LÄNDER AUF DER WELT

... sind größer als Deutschland. 357.046 Quadratkilometer beträgt die Ausdehnung dieses, unseres schönen Landes, darin verteilen sich rund 82 Millionen Einwohner. 91,2 Prozent aller Einwohner sind Deutsche, von den restlichen 8,8 Prozent sind 1.738.800 Türken, 534.700 Italiener, 361.700 Polen, 303.800 Griechen, 282.100 Serben, 227.500 Kroaten, 187.500 Russen, 175.500 Österreicher und 157.100 Bosnier (Stand: 2011). Die größten Städte in Deutschland sind Berlin mit 3.404.037 Einwohnern, Hamburg mit 1.754.182, München mit 1.294.608, Köln mit 989.766 und Frankfurt am Main mit 652.610 Einwohnern. Die schönste Stadt Deutschlands ist allerdings Horst/Holstein (zufällig der Wohnort des Verfassers diesen Buches.)

72

… lautete die Nummer auf dem Trikot, mit dem der 16-jährige Schüler Norbert Südhaus bei den Olympischen Spielen in München beim Marathonlauf als Erster in das vollbesetzte Olympiastadion einlief. Begleitet wie üblich vom Jubel des Publikums. Dumm nur, dass Südhaus erst knapp vor dem Stadion über eine Barriere geklettert und in das Rennen »eingestiegen« war, um sich vor einem Millionenpublikum an den TV-Schirmen und im Stadion feiern zu lassen. Ein Schülerstreich, über den der wahre Erste überhaupt nicht lachen konnte. Als der US-Amerikaner Frank Shorter ins Stadion einlief, empfing ihn das Publikum mit einem gellenden Pfeifkonzert – das muss der verblüffte Amerikaner zumindest gedacht haben. Dabei bezog sich der Unmut des Publikums in Wahrheit darauf, dass das IOC dem Schüler Südhaus auf die Schliche gekommen war und ihn noch auf der Tartanbahn abführen ließ. Shorter wurde um seinen Triumph betrogen, und obwohl ihm Südhaus später einen Entschuldigungsbrief schrieb, hat er ihm offiziell nie verziehen.

74 MILLIARDEN US-DOLLAR

… besitzt der Telekom-Tycoon Carlos Slim Helú, wenn man dem *Forbes*-Magazin glauben darf. Damit ist der Mexikaner mit einem ordentlichen Abstand der reichste Mann der Welt 2011. Erst auf Platz zwei folgt Bill Gates, der Computer-Guru, dem angeblich 54 Milliarden Dollar zum Lebensunterhalt reichen müssen. Im Unterschied zu Helú spendet Letzterer regelmäßig Milliardensummen für wohltätige Zwecke, aus diesem Grund vergrößert sich der Abstand zu

Helú jährlich. Nicht, dass das ins Gewicht fiele. Platz drei besetzt der US-Investor Warren Buffet, welcher immerhin noch fünfzig Milliarden schwer ist. Der erste Deutsche in der Liste belegt Platz zwölf, es ist – keine Überraschung – der Aldi-Gründer Karl Albrecht mit 25,5 Milliarden Dollar. Kein Grund, ihn zu bemitleiden. Auch dass der schwedische IKEA-Besitzer Ingvar Kamprad im letzten Jahr ein Viertel seines Vermögens verlor und mit läppischen 17 Milliarden über die Runden kommen muss, wird ihn nur unwesentlich bekümmern (sofern er bei Verstand ist).

121 MILLIONEN EURO

... legte das Auktionshaus eBay 2004 für die Internetplattform Mobile.de auf den Tisch des Hauses. Erfunden hatte die Autohandel-Plattform der Hamburger Vijay Sapre (Jahrgang 1962) zusammen mit dem Programmierer Ralf Prehn. Es war eines der Start-Up-Wunder der ersten Internet-Generation. Natürlich mussten Prehn und Sapre das Geld mit einigen Investoren teilen, doch es blieb für den Hamburger Ex-Taxifahrer, Ex-Werbetexter und Ex-Musikproduzenten Sapre noch genug über, um erst mit den »Kochpiraten« online an den Start zu gehen und das Ganze dann später als fein gemachtes Kochmagazin *Effilee* im Print-Zeitungsmarkt zu lancieren. Gelebte Traumkarrieren ...

160 MENSCHEN

... rettete der Sydneysider Don Ritchie bislang das Leben. Es ist sozusagen sein – möglicherweise leicht morbides – Hobby. Ritchie hat von seinem Haus in der Nähe von Watsons Bay in Sydney einen prima Blick auf The Gap, das berühmteste (und eines der schönsten) Kliffs in Sydney. Von dort springen jährlich fünfzig Menschen in die Tiefe. Das heißt jede Woche ein Kandidat! Wenn schon tot, dann wenigstens an einem der großartigsten Spots der Welt, scheinen die Lebensmüden zu denken. Die Stadt Sydney errichtete extra einen Zaun, installierte Telefonleitungen und Hinweisschilder, doch wer es wirklich ernst meint, lässt sich davon offenbar nicht abhalten. Für viele dieser Menschen wurde der Ex-Seemann Don Ritchie zum letzten Anker. Wenn er mal wieder mit seinem Fernglas einen »Verdächtigen« an The Gap erspäht, hat er einen simplen Plan: Er lädt die vermeintlichen Selbstmörder auf einen Tee zu sich nach Hause ein. Bisher willigten 160 Lebensmüde ein. Einige seiner Gesprächspartner konnte Ritchie nicht retten. Sie sprangen vor seinen Augen in die Tiefe.

200 MILLIONEN US-DOLLAR
... kostete es den Regisseur David Cameron, seinen Film über den legendären Luxusdampfer Titanic zu produzieren, der am 15. April 1912 mit 1500 Menschen an Bord auf seiner Jungfernfahrt sank. Für ein angeblich »unsinkbares« technisches Wunderwerk ein ziemlich frühes Ende. Der Film über den Untergang der Titanic gehört zu den größten Erfolgen der Filmgeschichte und spielte seit 2007 weltweit knapp zwei Milliarden Dollar ein. Zudem gewann *Titanic* einen Oscar in elf Kategorien, unter anderem als »Bester Film«. 2009 wurde er jedoch als kommerziell erfolgreichster Film aller Zeiten von *Avatar* abgelöst. Regie führte bei diesem Mix aus Animation und Echtfilm erneut James Cameron.

200 OPFER

... gehen vermutlich auf das Konto eines einzigen Mannes: H. H. Holmes. So nannte sich der als Herman Webster Mudgett geborene Herr aus Chicago, der als einer der »berühmtesten« Serienmörder der Welt gilt. Seine Vorgehensweise ist so krank, dass selbst Kollegen wie das »Milwaukee Monster« Jeffrey Dahmer (17 Morde) oder die deutsche Giftmischerin Christa Lehmann (drei Morde), die gegen das Triple-H wie freundliche Zeitgenossen wirken: Holmes baute ein Hotel in Chicago zu einem regelrechten Schlachthaus um. Er baute dort Falltüren ein, stattete Folterkammern mit unappetitlichen Geräten aus und schreckte nicht einmal vor einer Gaskammer zurück. Zufallsopfer quälte er in seinem Haus tagelang, bevor er die Skelette seiner Opfer mit großem Gewinn an Universitäten verkaufte. Es dauerte drei Jahre, bis man Holmes schließlich überführte und zum Tode verurteilte.

333

... bei Issos Keilerei. Die Mutter aller Eselsbrücken, aufmerksame Geschichtsschüler werden sich erinnern. Es geht um die Schlacht bei Issos, in der Alexander, der Große 333 vor Christi auf den persischen König Dareios III traf. Muss im Prinzip heute keiner mehr wissen, geht einem aber nie wieder aus dem Kopf, wenn man es einmal gelernt hat. Wer die Schlacht gewonnen hat, daran können sich heute allerdings nur noch ein paar Nerds erinnern. Ich verrate es Ihnen: Die Perser nahmen in aussichtsloser Situation Reißaus. Beutegut des großen Alexander waren unter anderem die Ehefrau des persischen Königs, ihre drei

Kinder sowie 3000 Talente Bargeld. Übrigens: Falls Ihnen der Name Graham Bonney noch geläufig sein sollte, dann wissen sie sicher, dass »333« auch in einem seiner Schlager eine Rolle spielte – als Telefonnummer, nicht als Eselsbrücke. Textprobe aus dem Song, den Bonney 1986 veröffentlichte: »Wähle 333 und dann komm ich schon ...«

365 MILLIONEN US-DOLLAR

... betrug weltweit der höchste Einzelgewinn, der jemals bei einem Lotto (hier Powerball) ausgezahlt wurde. Allerdings mussten sich acht Fabrikarbeiter aus Nebraska diesen Gewinn teilen. Das hat die Freude vermutlich schwer getrübt – nur rund 45 Millionen für jeden! Zwei Gewinner mussten sich den höchsten Jackpot aller Zeiten bei der Lotterie Mega Millions teilen, welcher stolze 390 Millionen Dollar betrug. Der höchste jemals in Europa gespielte Jackpot ging am 12. Juli 2011 mit 185 Millionen Euro an ein britisches Ehepaar. Man kann aber auch Pech im Glück haben: Am 23. Januar 1988 tippten 222 Menschen sechs Richtige beim deutschen Lotto. Ausgesorgt hatten sie damit nicht: Rund 85.000 Mark gab es für jeden aufs Konto. Das war die Strafe für den merkwürdigen Tipp: 24/25/26/30/31/32 lauteten die Gewinnzahlen.

Lottobetreiber raten übrigens von lustigen Formationen und Zahlenreihen auf dem Lottozettel ab: Für derartige Späße entscheiden sich nämlich sehr viele Menschen in dem Glauben, sie seien damit besonders kreativ. Sind sie nicht. Sechs Zahlen in der Anordnung eines Us wurden etwa 1997 124 Mitspielern zum Verhängnis. Ihre sechs

Richtigen ergaben gerade mal knapp 54.000 Mark für jeden. Soll man da jubeln oder heulen? (Ich empfehle jubeln. Man kann auch mit 25.000 Euro Spaß haben.)

400 EURO

... mindestens kostet ein Kilogramm des echten Kobe-Rindes, teilweise werden bis zu 600 Euro bezahlt. Um das Kobe-Rind (keine Rasse, sondern eine Herkunftsbestimmung: »Kobe« bezeichnet die Gegend um die japanische Großstadt Kobe, das Rind ist ein besonders kleines Tajima-Rind) ranken sich eine Menge Mythen. Ziel ist jedenfalls das beste Rindfleisch der Welt, und wie das »produziert« wird, wird von den Züchtern in der Regel geheim gehalten. Einer der Mythen besagt: Die Aufzucht eines Rinds ist derart zeitaufwendig, dass Farmer in der Regel nie mehr als zehn Rinder auf einmal halten. Neben einem bestimmten Kraftfutter aus Getreide, Rüben und Kartoffeln sollen die Tiere jeden Tag in den Genuss von Bier (regt den Appetit an) sowie einer Massage kommen, die bis zu drei Stunden täglich in Anspruch nehmen kann – dadurch erhält das Fleisch eine besonders mürbe Struktur. Es gibt allerdings Züchter in der Umgebung von Kobe, die Derartiges öffentlich als Märchen belächeln. Manchmal werde das so gehandhabt – aber nur für die Touristen. Fakt ist aber: Außerhalb von Japan ist kein Original-Kobe-Rind zu bekommen, das seltene Fleisch wird nicht exportiert. Alles, was außerhalb von Japan als »Kobe« oder »Wagyu Rind« verkauft wird, stammt aus Nachzüchtungen, zum Teil mit Black-Angus-Rindern. Schmecken kann das allerdings auch.

553,33 METER
... misst der höchste Fernsehturm der Welt im kanadischen Toronto. Mit 553,33 Metern war er bei seiner Eröffnung am 26. Juni 1976 sogar das höchste Bauwerk der Welt – ein Rekord, der seit 2008 vom Burj Dubai in den Vereinigten Arabischen Emiraten gehalten wird. Seit 1994 kann man auf der 447 Meter hoch gelegenen Aussichtsplattform durch einen Glasboden schauen, seit 1995 garantiert ein Drehrestaurant abwechslungsreiche Dinner. Seit 1997 schließlich verfügt der CN Tower – benannt nach der kanadischen Eisenbahngesellschaft – zudem über den höchstgelegenen »Weinkeller« der Welt. So viele Rekorde werden honoriert: Jährlich besuchen über zwei Millionen Menschen den Tower in Toronto.

574 KILOMETER
... schnell wird der schnellste Zug der Welt, der TGV V150. Er stammt aus Frankreich und heißt so, wie er sein will: »Train à grande vitesse«, was übersetzt so viel heißt wie »Zug mit großer Geschwindigkeit«. Natürlich ist solch ein Zug nicht im normalen Verkehr in diesem irrwitzigen Tempo unterwegs. Im regulären Zugverkehr ist schon bei schlappen 320 Kilometern Schluss! Der Rekord wurde im April 2007 auf einer Fahrt zwischen Straßburg und Paris aufgestellt und gilt seitdem als Geschwindigkeitsrekord für alle Züge weltweit.

1000 JAHRE
... dauerte das Tausendjährige Reich keineswegs, sondern nur ganze zwölf. Der Begriff wurde von der nationalsozi-

alistischen Propaganda unter Adolf Hitler verwendet und hat ähnliche ideologische Wurzeln wie der Name »Drittes Reich«. Er wurde von der NS-Propaganda aufgegriffen, um ihren Anspruch auf eine »nicht mehr ablösbare, unendlich Herrschaftsordnung als Endzustand der deutschen und universalen Geschichte« auszudrücken. Hitler kam 1933 an die Macht, 1945 hatte er abgewirtschaftet.

1861
... wurde der erste Skiklub der Welt gegründet. So weit keine besonders spektakuläre Meldung. Interessant wird es erst durch den Ort dieses historischen Termins: Kiandra, 85 Kilometer nordwestlich von Cooma gelegen in New South Wales, welches, Globetrotter wissen das, in Australien verortet wird. Der Hintergrund dieser leicht befremdlich anmutenden Information (ich zumindest dachte, die Schweizer hätten es erfunden): In Kiandra (in der Sprache der Aborigines »Scharfer Stein«) wurde 1859 Gold gefunden, aus aller Welt reisten Digger daraufhin in der Hoffnung auf schnellen Reichtum nach Australien und schürften um die Wette. Unter anderem auch eine Handvoll Norweger, die im nah an den Snowy Mountains gelegenen Kiandra zu ihrer Überraschung auf beste Voraussetzungen für ihren Lieblingssport stießen.

1919
... wurde die erste Waldorf-Schule gegründet. Rudolf Steiner leitete sie nach anthroposophischen Gesichtspunkten, über die er in den Jahren zuvor Konferenzen und Vorlesungen abgehalten hatte. Kaum jemand weiß, woher

der Begriff »Waldorf« eigentlich stammt. Ist auch schwer abzuleiten. Nicht vom Salat, nicht von einem kleinen Dörfchen in der Kurpfalz, nein, ausgerechnet die Waldorf-Astoria-Zigarettenfabrik stand für den Namen der Waldorf-Bewegung Pate, die inzwischen über hundert Schulen in Deutschland und fast 700 Schulen in ganz Europa hervorgebracht hat. Der Direktor der Zigarettenfabrik, Emil Molt, bat Rudolf Steiner 1919, eine Schule für die Kinder seines Personals aufzubauen. Standort: Stuttgart.

5300 JAHRE

... ist der sogenannte »Ötzi« alt – er ist die älteste je entdeckte Feuchtmumie aus der Jungsteinzeit. Am 19. Juni 1991 wurde er beim Tisenjoch in den Ötztaler Alpen entdeckt, und zwar von dem Bergsteigerehepaar Erika und Helmut Simon aus Nürnberg. Südtirol (Italien also) und Österreich stritten sich Jahre darum, auf welchem Hoheitsgebiet der Ötzi denn nun wirklich gefunden wurde, beide Nationen beanspruchten den Jäger aus dem Eis für sich. Den Zuschlag erhielt schließlich Südtirol, das den Finderlohn für den Ötzi nach ebenso langem Hickhack schließlich zahlen musste: 175.000 Euro für das Ehepaar Simon. Der Ötzi ist 1,58 Meter groß und 15 Kilogramm schwer.

250.000 MENSCHEN

... passen in das wohl größte Stadion der Welt, dem Stadion des 1. Mai. Erbauen ließ es der nordkoreanische Führer Kim Jong II, passend zu seinem Selbstbild als stalinistischer Gröfaz (Größter Führer aller Zeiten) in der nordkoreanischen Hauptstadt Pjöngjang. 150.000 finden auf der Tribüne Platz, 100.000 wiederum auf dem Rasen. Beliebteste Großveranstaltung an Feiertagen: ein streng durchchoreografiertes Massenturnen der Nordkoreaner bei gleichzeitigem Jubelgesang auf Kim Jong und den Kommunismus. Irre.

277. 569 FLÜGE

... waren nötig, um die sogenannte Berliner Luftbrücke in den Nachkriegsjahren zwischen dem 24. Juni 1948 und dem 12. Mai 1949 erfolgreich zu gestalten. Die Luftbrücke, an der sich die Westmächte, insbesondere die USA und England beteiligten, sollte die Versorgung der Berliner Bevölkerung gewährleisten, andernfalls drohte Berlin an die Sowjets zu fallen. Die sowjetische Militärregierung hatte alle Straßen- und Eisenbahnverbindungen zwischen Berlin und dem Bundesgebiet blockiert, offiziell als Reaktion auf die Westanbindung Deutschlands durch die Sechs-Mächte-Konferenz. In diesem Zeitraum wurden 1.586.099 Tonnen Kohle und 536.705 Tonnen Lebensmittel nach Berlin geflogen. Aus dieser Zeit stammt auch der Ausdruck »Rosinenbomber«.

MUNDHYGIENE

ELEKTRISCH ODER OLD SCHOOL?
Und Sie dachten, vor der Rasur hätten Sie ein Problem. Dabei ist die wirklich wichtige Frage doch eine ganz andere: elektrische Zahnbürste oder manueller Bohrer?

ALS ICH MARLENE KENNENLERNTE, machte ich mir über meine Zukunft keinerlei Illusionen mehr. Ich hatte bereits herausgefunden, dass ich niemals Atomphysiker werden würde oder Hubschrauberpilot, denn komplexe Entscheidungen waren schon damals nicht mein Ding. Das Wissen um meinen begrenzten Horizont aber versuchte ich vor Marlenes kritischem Verstand zu verbergen. So blöd bin ich schließlich auch wieder nicht. Jedenfalls kamen Marlene und ich uns so nah wie beabsichtigt, und aus uns wäre sicherlich ein ganz wunderbares Liebespaar geworden. Leider endete unsere Beziehung bereits nach dem ersten Kuss, der zudem nicht allzu lange dauerte. Marlene schüttelte mich ab wie etwas, das man sich auf dem Fußboden einer Umkleidekabine zuzieht und verzog indigniert ihr hübsches Gesicht: »Du hast Mundgeruch!« Was ist das für eine Welt, in der dreizehnjährige Frauen töten können?

Dieser Abend hinterließ Spuren. Ich verlor zwar Marlene, aber ich gewann etwas hinzu: eine sehr innige Beziehung zu meiner Zahnbürste! Ich schrubbte und wienerte seit diesem Tag wie geisteskrank an meinem Gebiss herum, und wenn das Risiko nicht so groß gewesen wäre, hätte ich sogar mit Domestos gegurgelt, um nicht noch einmal in eine so peinliche Situation zu geraten. Auch bei der Wahl der Zahnpasta ging ich auf Nummer sicher: Ich nahm nur noch Strahler 70, denn diese Firma kannte Marlene und mich offenbar und warb mit dem Slogan: »Strahlerküsse schmecken besser!«

Das ist jetzt schon etwas länger her, wie Sie sich vorstellen können. Trotzdem muss ich alle drei Monate an Marlene denken, und daran, dass ich für den ein oder anderen Job einfach nicht geboren bin.

Das mit den drei Monaten weiß ich so genau, weil es exakt den Zeitraum umfasst, nach dem man sich von seiner alten Zahnbürste verabschieden sollte. (Behaupten jedenfalls Dr. Best und seine Kollegen.) Nach drei Monaten Dauergebrauch werden angeblich die Borsten stumpf, sie verlieren ihre Flexibilität und, na ja, in Sachen Hygiene ist eine solche Bürste eben auch kein Dauerbrenner. Alle drei Monate stehe ich also vor dem entsprechenden Regal im

Supermarkt meines Vertrauens und kratze mich am Kopf. Tausend komplexe Entscheidungen sind zu fällen. Dabei zähle ich die Frage, ob man nun die weiche, die harte oder doch eher eine mittlere Borstenstärke wählt, schon gar nicht mehr mit. (Ich plädiere für mittel, da liegt man wenigstens nicht *völlig* falsch.) Die Zusatzfrage, ob die Borsten nun in Hochtiefform, plan angeordnet oder in V-Stellung auf dem Bürstenkopf stehen sollten, überfordert mich hingegen fast so sehr wie die Glaubensfrage schlechthin: manuell oder elektrisch?

Selbstverständlich besaß ich irgendwann schon eine elektrische Zahnbürste. War mal sehr modern. Doch genau wie beim Rasieren und dem Dilemma Braun Sixtant oder Einwegklinge bin ich inzwischen wieder ganz Old School unterwegs. Zum einen sieht so eine elektrische Zahnbürste im Badezimmer aus wie etwas, das Woody Allen als Accessoire in seiner Science-Fiction-Satire *Der Schläfer* eingeschmuggelt hat, nämlich albern. Zum anderen behaupten Odontologen, dass so ein vibrierender Stift im Mund auch nicht effektiver arbeitet als ein gewöhnlicher Handschrubber. Es fühlt sich dafür deutlich merkwürdiger an, wie ein Vibrator für den Kiefer in etwa. Schön ist anders. Außerdem, und jetzt zitiere ich ein Unternehmen der werbetreibenden Zahnpasta-Wirtschaft: »Die beste Zahnbürste ist die, die regelmäßig benutzt wird.« Was soll's also?

Außerdem gibt es auch bei elektrischen Zahnbürsten schlicht zu viel Auswahl: Man muss mindestens vier Semester Dontologie in Kombination mit Pharmazie und Hermeneutik intus haben, um zu verstehen, wovon da im

Einzelnen die Rede ist: Was beispielsweise kann eine Schallzahnbürste, und ist es nun prima oder umweltschädlich, wenn solch eine Gerätschaft 20.000 Vibrationen in der Minute macht? Was genau ist damit gemeint, wenn eine Bürste eine oszillierende oder eine rotierende »Bewegungscharakterisik« aufweist? Bin ich etwa Leistungsputzer, will ich Rekorde brechen? Nein, ich will einfach nur verhindern, dass ich und meine Zähne bereits mit sechzig in getrennten Zimmern schlafen. Und ich will vorbereitet sein, wenn Marlene wieder vorbeischaut!

Bei einigen Bürsten wird mir versprochen, durch die Zusammenarbeit von »Softborsten« außen und »kreuzweise angeordneten Borsten« innen sei bald mit einem blendend weißen Lächeln zu rechnen. Aber was ich wirklich wissen will: Funktioniert das auch, wenn man nicht zusätzlich noch stundenlang mit der Zahnseide in der Mundhöhle schmirgelt und zur Sicherheit mit kleinen Drahtbürstchen nachbessert, bis es sich bis hinunter in den Rachenraum anfühlt, als ob Meister Proper zu Besuch war? (Wobei selbst diese Bürstchen konisch *oder* zylindrisch zu haben sind, und entweder nach Minze oder nach Orange schmecken – es ist ein Elend.) Es *kann* gar nicht schwieriger sein, einen Hubschrauber zu fliegen, als die richtige Entscheidung zu treffen, welche Zahnbürste man auswählt und mit welchen Tools man diese Basisausrüstung zum vollwertigen Pflegeset pimpt. Dabei haben wir noch nicht mal von der Gestaltung dieser Gerätschaften gesprochen: Runde, eckige, aufgebockte und asymmetrische sind da im Regal zu finden. Solche, die als Tigerköpfchen, Muppets oder Eis am Stil maskiert sind, einige in so schnittigen Designs, dass man sie theoretisch an den Porsche-Autoschlüssel hängen könnte, ohne unangenehm aufzufallen.

Alle drei Monate denke ich also an Marlene und weiß: Ich muss da jetzt durch. Ich seufze dann ein letztes Mal und finde, dass unsere Altvorderen es in mancher Hinsicht leichter hatten. 1498 wurde die Zahnbürste von den Chinesen erfunden: ein Stück Holz mit ein paar Borsten vom Wildschwein darauf. Da hatte man keine Wahl! Alle drei Monate entscheide ich mich am Ende dann doch für eine neue Zahnbürste, irgendwie schaffe ich es immer wieder. Und hier mein Ratschlag, den ich allen da draußen mit auf ihren Lebensweg geben möchte: Es ist ganz egal, welche Bürste Sie benutzen, Hauptsache, sie kommt regelmäßig zum Einsatz. Strombürsten sind nett, aber für Männer, die mit Kernseife und kaltem Wasser in der Dusche arbeiten, kommen sie nicht in Frage. Wie ich persönlich mich schlussendlich entscheide, kann ich Ihnen auch verraten: Ich mag zwar kein Atomphysiker geworden sein, aber am Ende erkenne ich eine gute Zahnbürste, wenn ich sie sehe. Hauptsache, sie ist blau.

Heutzutage ist es nicht verkehrt, selbst bei den harmlosesten Verrichtungen des Alltags eine vernünftige Ökobilanz nachweisen zu können. Da mag es für den ein oder anderen von Interesse sein, wie viel Strom so eine elektrische Zahnbürste verbraucht. Also: Typischerweise sollte der Stromverbrauch des Ladegeräts bei ein bis zwei Watt liegen. Das klingt erst mal nicht besorgniserregend. Da das Ladegerät der elektrischen Zahnbürste aber immer in der Steckdose abhängt, summieren sich die Stromkosten der elektrischen Zahnbürste bei einem Watt auf 1,75 Euro im Jahr und bei zwei Watt auf 3,50 Euro. (Diesen Werten wurde ein Strompreis von zwanzig Cent pro kWh zugrunde gelegt. Bei mehreren Familienmitgliedern erhöhen sich die Ausgaben natürlich entsprechend. Ihre individuellen Stromkosten können Sie mit dem Online-Stromkostenrechner ermitteln. (*Quelle: Strominventur.de*)